U0511378

汉语新词语（2021-2022）

邹 煜 主编

商务印书馆
The Commercial Press
创于1897

图书在版编目(CIP)数据

汉语新词语. 2021—2022 / 邹煜主编.—北京:商务
印书馆,2023
ISBN 978-7-100-23168-8

Ⅰ.①汉… Ⅱ.①邹… Ⅲ.①汉语—新词语—2021-
2022 Ⅳ.①H136

中国国家版本馆 CIP 数据核字(2023)第 204345 号

汉语新词语(2021—2022)
邹　煜　主编

商　务　印　书　馆　出　版
(北京王府井大街 36 号　邮政编码 100710)
商　务　印　书　馆　发　行
北京市白帆印务有限公司印刷
ISBN 978-7-100-23168-8

2023 年 11 月第 1 版　　　开本 787×1092　1/32
2023 年 11 月北京第 1 次印刷　印张 6¼

定价:45.00 元

审　　订　　李志江　　侯　敏

主　　编　　邹　煜

主编助理　　卫酉祎　　邱　婧

编 委 会　　李志江　　刘一玲　　周洪波　　郭　熙
　　　　　　侯　敏　　余桂林　　李智初

编　　写　（按音序排列）

　　　　　　陈百科　　陈凤英　　陈　茜　　陈　鑫
　　　　　　陈雪彤　　程南昌　　邓　浩　　邱　婧
　　　　　　郭嘉豪　　黄怡琴　　黎睿瑶　　李　姣
　　　　　　李欣泽　　李正涵　　刘海宁　　刘　瑜
　　　　　　吕谨竹　　聂文欣　　邱哲文　　沈旭阳
　　　　　　滕永林　　田雨岚　　王涵玉　　王　拙
　　　　　　卫酉祎　　吴　晗　　颜　明　　姚雪宁
　　　　　　伊明亮　　张未然　　张潇文　　张星鑫
　　　　　　张　宇　　张玥怡　　赵辰森　　赵　开
　　　　　　周婧仪　　周心怡　　朱可韵　　邹沫佳
　　　　　　邹　煜

责　　编　　李智初

插　　图　　廖诗意

目　录

前　　言

　　2023 年春节期间,央视纪录片频道播出的大型中国语言类人文纪录片《中国话》专门展示了年度流行语、新词语的研制过程,片中李宇明教授在接受采访时谈道:"我们每年都在创造新话语,每天都在通过词汇来认识新的世界。"一个新词语,也是一个新概念,也会成为我们的一种新的生活方式,所以新词语是个大学校,它反映的是我们生活的变化。

　　过去的两年,大家都经历了两个难以忘怀的年份,再次体验了中国独特的语言生活。比如,2021 年,熠熠生辉的"七一勋章"首次颁授,29 名党员同志获此殊荣。他们担当起一代共产党员的使命,彰显着中国共产党人坚定信念、践行宗旨、拼搏奉献、廉洁奉公的高尚品质和崇高精神。我国首辆火星车"祝融号"带着上古火神的祝愿,点燃星际探索的火种。我国生态文明建设进入"减污降碳"的关键时期,"双碳"战略寄寓了人与自然和谐共生的美好愿景。2022 年,中国式现代化为人类实现现代化提供了新的选择,中国共产党和中国人民为解决人类面临的共同问题提供更多更好的中国智慧、中国方案、中国力量。全人类共同价值是全人类在求同存异、平等交流、相互借鉴基础上形成的价值最大公约数,是凝聚了人类不同文明的价值共识。全球安全倡议则是应对国际安全挑战的中国方案。新型实体企业是数字技术与实体经济深度融合的典型代表,数实融合,助力实体经济高质量创新发展。在北京冬奥会的助推下,冰雪经济成为新式经济发展模式,显示了中国产业发展的强大潜力。

这些体验也都记录在了这第十五本编年本中的一个个新词语里。

(一) 建党百年:以史为鉴,再启新航

2021 年 7 月 1 日,庆祝中国共产党成立 100 周年大会在北京天安门广场隆重举行,各界代表 7 万余人共同欢庆党的百年华诞。青年学子在五星红旗下庄严宣誓"请党放心,强国有我"。7 月 1 日出版的第 13 期《求是》杂志发表了习近平总书记的重要文章,文中强调,在党史学习教育中要做到学史明理、学史增信、学史崇德、学史力行,做到学党史、悟思想、办实事、开新局。[①] 党史学习教育贯穿 2021 年全年,各地党史学习成果丰硕。在庆祝中国共产党成立 100 周年文艺演出《伟大征程》中,陈独秀与李大钊"相约建党"场景重现,"南陈北李破防"一时成为网络热点。

党的百年历史亦是一部奋斗史。在实现中华民族伟大复兴的征程上,无数中国共产党党员默默坚守岗位,为党和

---

① 《学史明理、学史增信、学史崇德、学史力行》,《人民日报》2021 年 7 月 3 日第 1 版。

人民的事业做出了突出贡献。2021年6月29日,作为党内最高荣誉的"七一勋章"首次颁授,29位党员同志获此殊荣。在建党百年之际,中华大地上全面建成了小康社会,绝对贫困问题得以解决。2021年6月25日,全国脱贫攻坚总结表彰大会召开,宣告脱贫攻坚战取得全面胜利;同日下午,国家乡村振兴局挂牌亮相,接替1986年设立的"国务院扶贫开发领导小组办公室",开启全面推进乡村振兴的崭新时代。2021年粮食生产实现"十八连丰",中国人的饭碗端得更稳、更有底气;浙江共同富裕示范区先行探索,为全国推进共同富裕建设探路。展望未来,全面建成社会主义现代化强国的第二个百年奋斗目标已经起航,历史正奔涌着冲刷出新的时代。

(二)治理创新:以民为先,直击痛点

2021年7月24日,中共中央办公厅、国务院办公厅印发《关于进一步减轻义务教育阶段学生作业负担和校外培训负担的意见》,提出"双减"政策,要求减轻中小学生校内作业负担和校外培训负担。随着"双减"政策应声落地,教育主导权重新回归学校,素质教育焕发活力。生育政策关乎每个家庭的幸福,自2021年5月全面三孩政策落地,公众仍留有不少迟疑。2021年7月,中央推出实施三孩生育政策及配套支持措施,积极回应群众关切。

"十四五"开局之年,群众住得好不好,生活幸不幸福依旧是国家关心的重中之重。"保障性租赁住房"成为住宅建

设的重点任务,力破新市民、青年人买不起房又租不到好房的困局;宏观政策"跨周期调节"更加注重经济发展的中长期优化,有效应对疫情冲击,提升经济增长内生动力。中国经济行稳致远,人民群众生活才更有安全感和获得感。"绿水青山就是金山银山",习近平总书记在 2021 年 10 月 12 日《生物多样性公约》第十五次缔约方大会领导人峰会视频中再次提及。"碳中和""碳达峰"的双碳战略成为我国生态文明建设的关键词,寄寓了人与自然和谐共生的美好愿景,减污降碳协同增效促进产业绿色转型。

(三) 数字中国:数字化升级进行时

2022 年 8 月,国家网信办发布《数字中国发展报告(2021年)》,数字的触角日益延伸至社会生活,数字化进程已成为中国和世界经济的新常态。新型实体企业正以数字化技术为核心,不断推动实体经济向高质量发展转型。数字产品和数字服务行业也呈现出高速增长的态势,为人们带来了前所未有的便利。在数字化的背景下,数字惠老和数字乡村也成为中国发展数字经济的重要领域,为缓解老龄化和实现乡村振兴注入新的活力。随着数字技术的进步与产业布局的完善,虚拟数字人成为文化数字化探索的热点,其商业化应用探索步伐持续加快,不同形式、更广领域的应用场景不断涌现,正逐渐成为数字经济发展的新增长点。NFT、NFR 等新兴技术赋能数字藏品,用数字诠释传统,用现代科技勾勒传统底蕴,让名贵藏品飞入寻常百姓家。由人工智能技术驱动的自然语言处理工具 ChatGPT 在年末横空出世,作为生成式人工智能的最新成果,它展示出类似人的问题解决能力,以无界的方式全面融入人类实践领域,让通用人工智能再次成为盛极一时的话题。加速数字中国建设,激发数字经济活力,改善数字社会环境,数字化升级将不断普惠更广大群体。

(四)奥运盛会:从面向世界到面向未来

2021 年 7 月 23 日,2020 年东京奥运会正式开幕,历时 17 天的奥运赛事首次采取空场比赛政策。为了有效防控疫情,绝大多数的体育场馆不允许观众入场观看比赛。在这次特殊的奥运中,中国体育军团屡屡取得突破。14 岁跳水小将全红蝉在比赛场上一次次上演"水花消失术";田径运动员苏炳添在百米半决赛中创新亚洲纪录,成为首位跑进 9 秒 90 的亚洲选手。网友们不禁惊呼"YYDS(意为永远的神)""绝绝子"。

告别东京奥运会,即将进入北京冬奥时间。2021 年 6 月竣工的国家高山滑雪中心"雪飞燕"位于延庆小海陀山,7 条雪道宛如白色瀑布绵延至山谷,将承担高山滑雪滑降、超级大回转、大回转、回转等 11 个项目的比赛,也是国内第一条符合奥运标准的高山滑雪赛道;11 月 21 日,国家雪车雪橇中心"雪游龙"获得国际雪橇联合会赛道认证,位于小海陀山山脚的"雪游龙"与"雪飞燕"和谐相融,宛若静卧的巨龙,在 2022 年一飞冲天;11 月 23 日,我国首台具有完整自主知识产权的雪蜡车正式投入使用。

2022年2月4日晚,第二十四届冬季奥林匹克运动会开幕式在北京国家体育场举行。开幕式上的冰五环,以LED技术与光影艺术的完美融合,以独特的中国式浪漫惊艳全球观众;北京冬奥会吉祥物"冰墩墩"、冬残奥会吉祥物"金容融"闪耀登场,成为社交媒体焦点话题。特别是冰墩墩,受到了广大观众的热烈欢迎,一度出现"一墩难求",网友甚至强烈要求实现"一户一墩"。

冰雪一代的志愿者们穿上蓝色制服,用自己的热情和汗水为奥运盛会贡献着自己的力量。在单板滑雪男子大跳台决赛中,中国选手苏翊鸣表现出色,夺得金牌,翊鸣惊人的表现成为了全国人民津津乐道的话题。前短道速滑国家队成员王濛准确预判了中国短道速滑混合接力队摘得首金,一句"我的眼睛就是尺",以幽默、接地气的风格及解说与运动员身份的反差令观众赞叹折服。北京冬奥会、冬残奥会的筹办、举办,推动了中国冰雪运动跨越式发展,寒冷的冰雪资源正焕发着火热的经济潜力,为冰雪经济注入时尚活力。

(五)疫情防控:艰难而平稳转段

2021年,人类"战疫",时过两载。新冠病毒变异之快为疫情防控带来了不小的阻力。新冠变异毒株"德尔塔"来势汹汹,以传染性强、重复感染风险高等特征再度引发全球疫情。一波未平一波又起,"奥密克戎"变异株以其高度传染性拉响全球防疫警报。面对不断变异的新冠肺炎毒株,疫苗是抵抗病毒入侵的有效护盾。在各地科学精准的统筹安排下,新冠疫苗接种不断"加速度"。深圳卫建委设计的宣传标语"我们一起打疫苗,一起苗苗苗"火遍网络。为最大限度方便群众接种疫苗,尽快构筑群众免疫屏障,新冠疫苗流动接种点走进公园、社区和学校。在全球疫苗供给紧缺的情况下,中国持续向全球多国提供疫苗援助,力所能及地将"疫苗作为全球公共产品"落到实处。

2022 年是新冠病毒大流行的第三年,也是疫情防控最为关键性的一年。2022 年 12 月 7 日,国务院联防联控机制公布《关于进一步优化落实新冠肺炎疫情防控措施的通知》(简称"新十条")。面对疫情防控新形势新任务,新阶段防控工作的重点调整为"保健康、防重症"。12 月 26 日,国家卫生健康委发布公告,将新型冠状病毒肺炎更名为新型冠状病毒感染。自此战疫历程进入新篇章。

因时因势优化调整防控政策措施,体现的是以习近平同志为核心的党中央对人民群众生命安全和身体健康的重要考量。2022 年年初,"奥密克戎"与"德尔塔"重组的"德尔塔克戎"也蓄势待发,防疫局势面临重大考验。借助健康码、场所码、转运码等技术手段,同时搭建快速核验健康码、身份证、核酸检测信息等功能的数字哨兵,实现科学、精准、高效的疫情防控。伴随着病毒特性的变化,第九版防控方案和诊疗方案先后印发,从单管到混管,常态化核酸成为控制疫情传播的利器,不同风险区划分成为阻隔病毒肆虐的妙招。

2022 年 11 月,疫情防控面临新形势新任务,二十条优化措施和新十条优化措施及时出台。病毒的异变逐渐为大众所普及,"奥密克戎"引发的"水泥鼻""刀片嗓"症状成为人们热议的焦点。在没有硝烟的抗疫保卫战中,2亿多人得到诊治,近80万重症患者得到有效救治,新冠死亡率保持在全球最低水平,用较短时间实现疫情防控平稳转段,取得疫情防控重大决定性胜利,创造了人类文明史上人口大国成功走出疫情大流行的奇迹[①]。

(六)宇宙探索:探索寰宇的边界

太空出差90天是一种什么体验?2021年9月17日,人民日报微信公众号推出短视频《太空差旅日志》,三分多钟的视频解锁了航天员在空间站里的衣食住行。同日微博一则热搜话题"神舟十二号返回"阅读量达到12.4亿,讨论量超20.9万。[②] 这一消息也标志着我国空间站阶段的首次载人飞行任务取得圆满成功。时隔一个月,10月16日,新"太空出差三人组"搭乘神舟十三号载人飞船开启了为期半年的太空之旅,再次刷新中国航天员太空驻留时间的纪录。中国女航天员将首次进驻中国空间站,并实施出舱活动。

面对宇宙苍穹,不止于仰望。2021年5月15日,"天问一号"探测器成功着陆于火星表面;5月22日"祝融号"火星

---

① 《中央政治局常委会召开会议 明确疫情防控下一步工作方向》,2023年2月17日,人民网,http://cpc.people.com.cn/n1/2023/0217/c164113-32625874.html。

② 叶子《太空出差90天,欢迎回家!——网友热议神舟十二号载人飞船平安归来》,《人民日报》(海外版)2021年9月24日第5版。

车安全驶离着陆平台,到达火星表面,开始巡视探测,并留下了在火星上踏足的第一个"脚印"。"祝融"探火,"羲和"逐日。2021 年 10 月 14 日,我国首颗太阳探测科学技术试验卫星"羲和号"成功发射,标志我国太阳探测实现零的突破。

2022 年是中国空间站建设的"决战"年。2022 年 5 月 10 日,天舟四号货运飞船成功发射,为随后实施的神舟十四号载人飞行任务做准备。6 月 5 日,搭载神舟十四号载人飞船的长征二号 F 遥十四运载火箭在酒泉卫星发射中心点火发射。7 月 24 日下午,长征五号 B 遥三运载火箭托举着中国太空站的首个科学实验舱——问天实验舱一飞冲天,神舟十四号航天员乘组于 25 日成功开启问天实验舱舱门,顺利进入其中。10 月 31 日,长五 B 火箭成功发射梦天实验舱。翌日,梦天实验舱与天和核心舱顺利实现交会对接,自此由梦天实验舱、问天实验舱、天和核心舱组成的中国空间站"T"字基本构型组装完成,载人航天"三步走"发展战略迈出了重要一步。从"天宫"载人空间站到"天舟"货运飞船,从"天和"核心舱到"问天""梦天"实验舱,以史为墨,以梦为毫,想象力与实干精神共同织筑浩瀚寰宇间的中国式浪漫。

太空之下,还有近空与大地。2022 年 2 月 27 日,长征八号遥二运载火箭在中国文昌航天发射场点火起飞,以"一箭 22 星"方式将 22 颗卫星成功送入预定轨道,创造了中国航天的新纪录。其中包括天仪研究院研制中国"天仙星座"项目的首发星"巢湖一号"SAR 卫星,武汉大学研发的"启明星一号"微纳卫星,为国家应急救灾体系建造贡献可信赖力量。

9月3日，中国首款超大展弦比高空低速无人机"启明星50"大型太阳能无人机顺利完成首飞任务，将进一步推动我国新能源领域、飞行控制领域等关键技术发展，提升我国向临近空间及远洋远海执行任务的能力。2022年4月9日，"天宫问答"——中国神舟十三号航天员乘组与美国青少年互动活动在中国驻美国大使馆举行，三名中国航天员翟志刚、王亚平、叶光富在太空中为美国青年学生答疑解惑，激发了他们对宇宙探索、梦想追逐的热情。9月9日，国家航天局、国家原子能机构联合宣布，中国科学家首次在月球上发现新矿物，并命名为"嫦娥石"。该矿物是人类在月球上发现的第六种新矿物，我国成为世界上第三个在月球发现新矿物的国家，这对认识月球起源与演化等具有重要意义。

（七）多元生活：解构严肃生活的浪漫趣味

经济发展与社会进步使得人生态度与价值选择有了多元化的可能。面对"内卷"与"躺平"的争议，当下的年轻人有了不同的选择。一部分青年选择安静离职，把自我与谋生分开，设定边界并在可获得报酬的时间内做完该做的任务，表达对"喧嚣文化"的反击。也有人在顺从和反抗、主流和边缘之间寻找边界，开启了另一种可能：45度人生。在45°这个平衡点上，在专注现在和抓住未来之间合理支配精力，寻找乐趣。短暂的"躺平"是对焦虑压迫的缓解，但也要警惕在其位而不谋其政、尸位素餐的"躺平式干部"，他们不主动担当作为，不愿意接受困难挑战，以不思进取、随波逐流的"佛系"心态对待工作,破坏干部队伍的凝聚力和战斗力,损害党和政府的形象及人民利益,贻误地方发展时机。

疫情三载,互联网文化百花齐放,线上线下的界限逐渐模糊。年轻人用短视频作为下饭的"电子榨菜",跟随博主揭露食品加工行业的"科技和狠活",避免成为"大冤种";或是在直播平台观看主播"双语带货",感受独树一帜的带货现场,抑或观览老牌明星的线上演唱会,重温经典中的情怀。

这就是年度新词语记录的 2021—2022 年独特的语言生活。

期待读者的批评和关注。

邹　煜

2023 年 8 月于北京

凡　例

一、本书正文收录 2021—2022 年产生的新词、新语和新义、新用法共计 398 条,附录补收 2016—2020 年产生的新词、新语和新义、新用法 143 条。

二、词目按音序排列。字母打头的词语排在最前面,阿拉伯数字打头的次之,然后是汉字构成的词语。汉字构成的词语,读音相同的按笔画多少顺序排列;笔画相同的,按起笔横、竖、撇、点、折的顺序排列。

三、词目根据《汉语拼音正词法基本规则》标注拼音。词目中的阿拉伯数字、罗马字母及其他字母直接列出,不再标音。轻声字不标声调。

四、汉语拼音之后,标出词目的词性。词性标注的原则是,绝大多数双字单位,视为词,标出词性;三字单位,根据情况,视为词的,标出词性,视为短语的,不标词性;四字及四字以上单位,一般不视为词,不标词性。

五、多义项条目用❶❷❸……加以区分。

六、词目均配有例句,前面标记 例。例句主要选自平面媒体(报纸)及有声媒体(广播电视节目转写文本),也有部分选自网络媒体(包括门户网站、微博、微信和客户端等)。例句括注出处。少数例句末尾没有标点的，为原文的标题。

　　七、一些词语配有知识窗或相关词语。知识窗用"▯▯"标记，相关词语用"🤓"标记。相关词语主要按音序排列，辅以形序、义序排列。所列相关词语中，左上角标"＊"号的是本书中所列词目。

　　八、属于新义、新用法的，在词目左上角标"＊"号以示区别。

A

【AIGC】 人工智能生成内容。一种人工智能技术,利用人工智能模型,根据给定的条件,自动生成相应类型的文本、图像、音频、视频等内容。英文 Artificial Intelligence Generated Content 的缩写或 AI-Generated Content 的缩写。⊞本次语音合成中,百度语音合成团队运用以 TTS 技术(语音合成)为代表的 AIGC(AI 自动生成内容)技术,基于 robin 公开的语音数据,成功使用语音合成技术生成了《智能交通》的公开课音频。(2022 年 4 月 22 日《北京青年报》)∣升级新消费供应,应加速新型技术的应用拓展,从满足用户体验的角度出发,发挥 AIGC(人工智能技术自动生产内容模式)、PGC(专业生产内容模式)和 UGC(用户生产内容模式)在文化内容生产方面的重要作用,为用户打造更加多元丰富的消费内容。(2022 年 9 月 21 日《南方日报》)

【AB 套路贷】 AB tàolùdài 一种由不良贷款中介主导的贷款骗局。初始借款人 A 的资质较差,不能贷款,不良贷款中介引导 A,让其找来资质较好的 B 作为担保人,经不良贷款中介的操作,使 B 成为实际借款人。也称“AB 贷”。⊞近日,关于新骗局“AB 套路贷”的警示在某股份行工作人员的朋友圈疯狂刷屏,银行希望通过这种方式引起借款人和同行的注意。(2022 年 9 月 7 日第一财经 百家号)∣今年以

来,受到疫情影响,一些借款人还款能力下降,之前相安无事的"AB套路贷"开始爆雷。(2022年9月8日新浪科技 百家号)

按居贷 处女贷 二胎贷 付二贷 复工贷 光伏贷 回租贷 活利贷 *美丽贷 美容贷 气球贷 人人贷 闪电贷 师傅贷 师徒贷 首付贷 税务贷 税易贷 搜易贷 套路贷 套现贷 旺农贷 陷阱贷 小微贷 校园贷 颜值贷 洋房贷 易车贷 助保贷 助力贷 租客贷 农民安家贷 微企易贷 新市民贷

【阿尔法毒株】 ā'ěrfǎ dúzhū 一种新冠病毒变异毒株。"阿尔法"是希腊字母 α 的音译。例 4 月初以来,由于新冠变异病毒阿尔法毒株和德尔塔毒株蔓延,泰国新冠病例激增,医院承受重负。(2021 年 7 月 18 日《北京晚报》)｜欧洲疾控中心表示,德尔塔毒株比阿尔法毒株传播力要高 40％至 60％。(2021 年 9 月 1 日《人民日报》)

【安静辞职】 ānjìng cízhí 指在完成本职分内之事后不再接手额外工作的状态。因没有递交辞呈,也没有离开原有岗位,而是以"安静"的态度拒绝"多做",故称。例 有些人选择了"安静辞职",以此摆脱所有可能因工作而产生的额外情绪包袱。CNN 指出,"安静辞职"的本质是对"喧嚣文化"的反击。(2022 年 8 月 27 日中华网)｜根据盖洛普 6 月份对超过 1.5 万名全职和兼职美国员工的调查,大约 50％的受访者符合"安静辞职"的定义。(2022 年 9 月 9 日《中国经济周刊》)

【奥林匹克森林网】 Àolínpǐkè sēnlínwǎng 指国际奥委会为应对气候变化、保护自然环境,在世界各地推行的以植树造林为主的活动,包括种植树木,保护或恢复现有森林、野生动物走廊、生态系统以及再生农业等,最终形成网络般的森林。例为应对气候变化、保护自然环境,国际奥委会当地时间 9 日在洛桑公布了由各国(地区)奥委会提议的"奥林匹克森林网"计划。(2022 年 9 月 10 日新华网)｜据悉,在全球范围推广的"奥林匹克森林网"将不局限于种植树木,还可以包括保护或恢复现有森林、野生动物走廊、生态系统以及再生农业等。(2022 年 9 月 11 日华龙网)

【奥密克戎】　àomìkèróng　名词。一种新冠病毒变异毒株。最早于 2021 年 11 月 9 日在南非检测到。"奥密克戎"是希腊字母 O 的音译。例近日,严防新冠病毒变异毒株奥密克戎扩散成为全球防疫新目标。(2021 年 11 月 28 日《北京晚报》)｜"奥密克戎"变异毒株并非第一个引发全球警报的新冠变异毒株。(2021 年 11 月 28 日《新民晚报》)

【奥株】　àozhū　名词。"奥密克戎毒株"的简称。例 2021 年 12 月 9 日,国药集团中国生物和 SINOVAC 科兴于同日从香港大学引进奥密克戎变异毒株,并启动了奥株灭活疫苗研发。(2022 年 4 月 28 日《北京晚报》)｜目前,两款奥株灭活疫苗和重组蛋白疫苗已在不同国家和地区开展奥株新冠疫苗临床试验。(2022 年 8 月 31 日《北京青年报》)

B

【*芭比 Q】　bābǐ Q　网络用语。英文 barbecue 的谐音。原

意为烧烤,现引申为完了,没救了。"烧烤"的结果是(烧)完了,故称。例对于今年以来的基金净值大跌,网友们虽然大喊"芭比 Q 了"(网络用语,意指太惨了),但仍然坚定地要在投资的路上走下去。(2022 年 1 月 13 日《北京青年报》)｜前几天张兰在直播里宣布自己"芭比 Q"了,然后躺在床上哑着嗓子带货。(2022 年 12 月 14 日新浪网)

【百城千圈】bǎichéng qiānquān 2021 年 7 月 20 日,商务部办公厅等 11 部门发布关于印发《城市一刻钟便民生活圈建设指南》的通知,计划到 2025 年,在全国上百个城市建设上千个"一刻钟便民生活圈"。这个设想,称为"百城千圈"。例今年,商务部等 12 部门提出,到 2025 年要打造"百城千圈",在服务基本民生、促进消费升级等方面发挥更大作用。(2021 年 7 月 28 日《经济日报》)｜《城市一刻钟便民生活圈建设指南》提出,通过打造"百城千圈",建设一批布局合理、业态齐全、功能完善、智慧便捷、规范有序、服务优质、商居和谐的城市便民生活圈。(2021 年 8 月 20 日《南方日报》)

【宝娟嗓】bǎojuānsǎng 名词。指感染新冠病毒后出现的沙哑嗓音,是一种患病的症状。因电视剧《甄嬛传》中有"宝娟,我的嗓子"这样一句台词而得名。例北京地坛医院急诊主任表示,"宝娟嗓"主要是声门和声带周围的黏膜充血水肿,一般病程 3—5 天时表现明显;等呼吸道病毒感染急性期结束,病毒被清除,炎症减轻,嗓音可以恢复。(2022 年 12 月 17 日新浪网)｜"宝娟嗓"的患者在家要多饮水,也可以尝试高渗盐水漱口。(2022 年 12 月 23 日新京报官微百家号)

【宝妈工厂】 bǎomā gōngchǎng　指专门招收全职妈妈的工厂，工作时间弹性，劳动形式灵活，员工可以带孩子上班。例"宝妈工厂"是呵护女性就业权益的有益业态。(2021年4月3日《北京青年报》) |"宝妈工厂"的出现并非偶然，而是有其必然性。(2021年4月3日《新京报》)

【保交楼】 bǎojiāolóu　确保如约按质保量交付楼盘。2022年7月28日中共中央政治局会议首次提出的工作任务，是稳民生的前提。例相关部门和地方政府正依法依规开展风险处置化解工作，以"保交楼、保民生、保稳定"为首要目标，合力缓释房地产企业风险。(2022年4月19日《人民日报》) |"保交楼"是房地产业健康发展的重要基础。(2022年8月22日《北京青年报》)

【保码】 bǎomǎ　动词。保住绿码。即加强防护措施，使得核酸检测呈阴性而继续保有绿码(证明没有感染新冠病毒)。例随时做好个人防护，关注个人健康码状况，打好"保码"战，是每一个人的责任。(2021年11月5日"澎湃新闻"客户端) |最近的深圳打工人，都在进行"保码"行动。(2022年3月8日"壹深圳"客户端)

*赋码　红码　黄码　亮码　绿码　*养码　码商　安康码　*场所码　畅行码　*出行码　二维码　服务码　核酸码　互动码　码上办　码上店　码上淘　*门铃码　企业码　三色码　扫码族　收钱码　苏康码　随申码　微型码　行程码　医联码　医疗码　粤康码　*二码联查　码上经济　码上融资　码上直办　*三码联查　首站赋码　一码关联　一码通乘　一企一码　一照一码　*防伪溯源码　健康通行码　无码绿色通道　*个人经营收款码

【保障性租赁住房】 bǎozhàngxìng zūlìn zhùfáng　由政府组织建设或者通过其他方式筹集资金建设的，面向符合条

件的城镇住房困难家庭或者个人出租的住房。以建筑面积不超过 70 平方米的小户型为主,租金低于同地段同品质市场租赁住房租金。简称"保租房"。例为了支持保障性租赁住房建设,《意见》明确企事业单位利用自有闲置土地建设,需变更土地用途,但不补缴土地价款,且免收城市基础设施配套费。(2021 年 7 月 9 日《中国青年报》)|专家提醒,保障性租赁住房的建设既要尽力而为,又要量力而行。(2021 年 7 月 13 日《中国青年报》)

📖 2021 年 4 月 30 日,中共中央政治局召开会议强调,要增加保障性租赁住房和共有产权住房供给,防止以学区房等名义炒作房价。2021 年 6 月 24 日,国务院办公厅发布了关于加快发展保障性租赁住房的意见。主要解决符合条件的新市民、青年人等群体的住房困难问题,以建筑面积不超过 70 平方米的小户型为主,租金低于同地段同品质市场租赁住房租金。

【保租房】　bǎozūfáng　名词。"保障性租赁住房"的简称。例上海最近推出了保障性租赁住房,简称保租房,也许就能解决年轻人的租房痛点。(2021 年 12 月 14 日腾讯网)|倡导保租房营造尺度适宜、功能丰富的活力交往空间,满足不同租住人群需求,住区可设置一定面积的室外运动场地,增加交往空间设置,因地制宜设置室外晾晒场地,提高空间使用率。(2022 年 4 月 22 日《北京青年报》)

【报复性】　bàofùxìng　形容词。指正常的需求因某种原因受到长期压抑或禁止,一旦恢复正常后,为满足原有需求而尽情释放的。因被认为具有对长期压抑或禁止进行报复的性质,故称。例从1月踌躇满志,2月措手不及,3月至5月奋力自救,再到下半年"报复性"回暖,民宿业经历了过山车般的2020年,新冠肺炎疫情让行业站上了加速洗牌的转折点。(2021年1月26日《中国青年报》)｜去年新冠肺炎疫情来势凶猛,尽管餐饮业停摆了两三个月,但在局势稳定后马上迎来报复性反弹。(2021年4月3日《北京晚报》)

📖 随着疫情形势的持续向好,以"报复性消费"为主的话题受到大众的热烈讨论,进而出现了"报复性旅行""报复性运动""报复性饮食""报复性开会"等说法。

【北交所】 běijiāosuǒ 名词。"北京证券交易所"的简称。是经国务院批准设立的中国第一家公司制证券交易所,于2021年9月3日注册成立,11月15日正式开市交易。例北交所的设立正当其时,将为我们提供更加稳定高效的融资渠道,助力企业做大做强。(2021年9月9日《人民日报》)｜北交所正式揭牌开市是我国资本市场改革发展的又一标志性事件,对于促进多层次资本市场高质量发展、探索具有中国特色资本市场普惠金融之路和落实创新驱动发展国家战略等都具有十分重要的意义。(2021年11月16日《光明日报》)

【北溪事件】 běixī shìjiàn 指连接俄罗斯与德国的天然气输气管道"北溪一号"和"北溪二号"遭到破坏后发生爆炸泄漏的事件。该输气管道由俄罗斯经波罗的海向德国等欧洲国家输送天然气。例无论幕后黑手是谁,"北溪事件"导致的经济代价将十分沉重,为其埋单的终将是无辜百姓。(2022年10月9日《新华日报》)｜分析人士指出,短期内,

　　"北溪事件"彻底断送了俄罗斯通过北溪管线恢复向欧洲供气的可能性,由此产生的能源价格高涨等"经济账单"终将落在欧洲百姓头上。(2022年10月9日《新华日报》)

【北约亚太化】　Běiyuē yàtàihuà　指北大西洋公约组织以冷战思维加强与日本、韩国、澳大利亚和新西兰合作,走出传统防区,在全球范围,特别是在亚洲太平洋地区开展活动的趋势。例本次北约峰会不仅升级渲染"中国挑战",还特意拉拢美国的一些亚太盟友参会,正是美国为围堵中国而推进北约亚太化、亚太北约化的战略图谋。(2022年7月5日《人民日报》)｜美国向早该"寿终正寝"的北约大开空头支票,让"潜在失业"的北约秘书长斯托尔滕贝格嗅到了新的生机,北约亚太化开启了亚太地区军事冲突危险的潘多拉之盒。(2022年9月3日《光明日报》)

【贝塔毒株】　bèitǎ dúzhū　新冠病毒变异毒株B.1.351。2020年12月在南非发现,2021年5月世界卫生组织将其以希腊字母β(Beta)命名。"贝塔"是希腊字母β的音译。例在卡塔尔开展的一项研究同样发现,该疫苗对阿尔法毒株的有效率为90％,对贝塔毒株(南非首先报告的B.1.351变异新冠病毒)的有效率为75％。(2021年6月21日人民网)｜同样属于"需要关注"变异毒株的贝塔毒株在刚出现时也曾让科研人员惊讶,但最终被证明没有那么凶险,并逐渐被德尔塔毒株所取代。(2021年11月29日《新民晚报》)

【备改审】　bèigǎishěn　为深入贯彻落实教育部《关于进一步减轻义务教育阶段学生作业负担和校外培训负担的意见》精神,将线上学科类校外培训机构由备案制改为审批制的工作要求,叫作"备改审"。[例]目前已出台了学科类培训范围界定、"备改审"、"营改非"、培训材料管理、培训人员管理等11个文件。(2021年9月24日《新京报》)｜校外培训机构治理方面,北京研制"营转非""备改审"方案,以政策突破解决治理难题。(2021年10月26日《北京青年报》)

【背调】 bèidiào　"背景调查"的简称。[例]对正规学会或协会而言,与其在挂名人员或下属机构出事后切割卸责,不如做好事前"背调"、事中监督、事后回看,确保其合规运作。(2021年4月29日《新京报》)｜北青报记者采访到一位不愿具名的大企业HR,据他介绍,对于社招的员工,公司会聘请第三方公司进行背调,有时甚至会打电话给前公司负责人进行工作经历核实。(2021年8月12日《北京青年报》)

【本地网课】 běndì wǎngkè　私立教育培训机构针对当地考纲、政策设置的网络课程。[例]本地化、高品质、因材施教,"本地网课"成为新业态。(2021年5月24日《广州日报》)｜会上,深圳学而思网校校长张健为大家带来了深圳学而思本地网课的详细介绍。(2021年5月25日《羊城晚报》)

【本源司南】 běnyuán sīnán　第一款国产量子计算机操作系统。由本源量子科技(合肥)股份有限公司自主研发,于2021年2月8日发布。主要特点是多量子计算机任务并行执行、量子比特自动化校准、量子计算资源统一管理等。[例]随着量子计算时代的到来,"本源司南"不仅能让量子计算机运行得更加高效,还能培养用户使用国产量子操作系统的习惯,让国人在量子计算时代掌握真正的核心科技。(2021

知识窗

相关词语

年 2 月 9 日《光明日报》）｜日前,首款国产量子计算机操作系统——"本源司南"在安徽省合肥市正式发布。（2021 年 2 月 18 日《人民日报》）

【币圈茅台】　bìquān máotái　虚拟货币 LUNA。其价格在 2021 年从不到 1 美元飞涨到 119.5 美元,市值达到 410 亿美元,其高市值与茅台在白酒领域中地位相似,故称。例在高收益的诱惑下,LUNA 币受到众多投资者追捧,其价格在 2021 年飞速上涨,从不到 1 美元最高涨至 119.5 美元,市值达 410 亿美元,被称为"币圈茅台"。（2022 年 5 月 31 日《经济日报》）｜上个月,有着"币圈茅台"之称的虚拟货币——LUNA 币出现跳崖式暴跌,而得益于早前的监管打击,大量国内交易平台和"矿场"关停或搬迁到海外,有效阻隔了风险在国内的传导。（2022 年 6 月 24 日《南方日报》）

【闭环】　bìhuán　名词。指在新冠疫情防控期间,针对疫情风险人员创设的仅在一定范围内正常活动而不与外界其他人员接触的环境。例在两类人员 14 天集中观察期满后,申请并符合居家观察条件的,闭环转运至居住地进行居家观察。不符合居家观察条件的,继续进行集中观察。（2021 年 1 月 6 日《中国青年报》）｜所有来华人员入境后,均在口岸接受严格的检验检疫,在华期间直至离境均在闭环内,严格执行全流程、点对点、全闭环管理政策。（2021 年 10 月 11 日《新京报》）

【闭环泡泡】　bìhuán pàopao　实行闭环管理的区域。例参照北京冬奥会和成都世乒赛疫情防控的经验,我们对于入境重要商务人员、体育团组等特定的入境人员设立了免隔离闭环管理区,也就是"闭环泡泡"。(2022 年 11 月 20 日《人民日报》)│"闭环泡泡"模式随后被广泛应用到赛事会议、城市管理、企业运行等领域。(2022 年 11 月 29 日《南方日报》)

【冰雪经济】 bīngxuě jīngjì　以冰雪资源为主开发的文化、旅游以及相关产业的经济模式。也称"白色经济"。例顺应冰雪经济发展趋势,稳步提升冰雪旅游的知名度和影响力,努力把"冷资源"做成"热经济",变"流量"为"留量",才能让游客对冰雪的热情转化为文旅业发展的新动力。(2022 年 1 月 9 日《经济日报》)│冰雪健儿层出不穷,冰雪运动风生水起,为发展冰雪经济奠定了坚实基础,冰雪经济活跃起来又可以反哺冰雪运动发展。(2022 年 3 月 14 日《人民日报》)

【病媛】 bìngyuàn　名词。网络用语。称在社交媒体上发布妆容精致的住院照片,痊愈后分享治疗心得并带货以期获利的女子。仿"佛媛"造词。例相关文章作者不加核实分辨,仅依据女子有一张网红脸即称其为"病媛",至少对报道中提到的女子来说,有以貌取人的嫌疑,且给当事人造成了极大的困扰和伤害,实在不该。(2021 年 9 月 30 日《南方日报》)│佛媛、病媛、幼儿媛的出现,遭到了舆论的一致质疑,很多平台更是直接对相关账号进行了封禁和限制,这媛那媛也就相继销声匿迹了。(2021 年 10 月 25 日《北京青年报》)

知识窗

相关词语

菜媛 茶媛 饭媛 *佛媛 *股媛 鉴媛 离媛 拼媛 雪媛 *医媛 幼儿媛

【补偿式出游】　bǔchángshì chūyóu　指疫情长期持续而未能正常外出旅游,疫情结束后作为一种补偿而进行的出游活动。例清明小长假,"补偿式出游"热情高涨,大江南北各景区景点客流井喷。(2021 年 4 月 7 日《新华日报》)｜随着"报复性消费""补偿式出游"浪潮的到来,各行各业正努力恢复至疫情前水平。(2021 年 4 月 15 日《中国青年报》)

【补偿式返乡】　bǔchángshì fǎnxiāng　弥补因疫情而未能返乡的遗憾,在节假日返乡的行为。例从倡导"就地过年"到"补偿式返乡",这种变化见证了我国防控新冠肺炎疫情的成果。(2021 年 3 月 24 日《经济日报》)｜随着出行政策放宽,再加上天气转暖,春暖花开,"就地过年"积压的乡愁将迎来集中释放,"补偿式返乡"已蓄势待发。(2021 年 4 月 1 日《北京青年报》)

C

【ChatGPT】　由美国 OpenAI(一家人工智能公司)研发的聊天机器人程序,是人工智能技术驱动的自然语言处理工具,能够通过人类自然对话方式进行交互,还可用于相对复杂的语言工作,包括自动文本生成、自动问答、自动摘要等在内的多种任务。例 12 月初,人工智能实验室 OpenAI 发布了一款名为 ChatGPT 的自然语言生成式模型,由于它能接住并解答网友的许多刁钻问题,一经问世就迅速引发关注,上线 5 天后,其体验用户已经突破 100 万。(2022 年 12 月 9 日《新京报》)｜一位互联网从业者"爆料":现在几乎所有程序员都争先恐后去领略它的超高情商和巨大威力,ChatGPT 输出的答案有时幽默、有时深刻,很难分清与他对话的究竟是人还是机器。(2022 年 12 月 19 日《文汇报》)

【采样圈】　cǎiyàngquān　名词。指以核酸检测采样点为中心,以居民步行 15 分钟所走的路程为半径而划定的范围。⬚例⬚要提升监测预警灵敏性,大城市建立步行 15 分钟核酸"采样圈",拓宽监测范围和渠道,及时公开透明发布疫情信息,对缓报、瞒报、漏报的严肃追责。(2022 年 5 月 10 日《人民日报》)｜完善 15 分钟核酸"采样圈"布局,扩大 24 小时核酸检测点覆盖面,提高采样检测时效,方便群众就近就便检测。(2022 年 9 月 13 日《新京报》)

【柴犬币】　cháiquǎnbì　名词。一种去中心化的加密货币。其目的是成为"狗狗币杀手",因柴犬行动敏捷、体格健硕,曾被训练成猎犬,故称。又因其交易代码为 SHIB,也称"屎币"。⬚例⬚今年上半年,"币圈"的表现,几乎可以用"疯狂"来形容,特别是前段时间被炒得火热的狗狗币,以及与此类似的柴犬币(SHIB),年内涨幅一度超过百倍。(2021 年 5 月 28 日《中国青年报》)｜狗狗币、柴犬币等山寨币层出不穷,相关炒作、交易活动异常火爆,严重扰乱经济金融正常秩序。(2021 年 7 月 11 日《经济日报》)

【蝉翼钢】　chányìgāng　名词。指一种厚度薄如蝉翼的钢。用于制作 5G 基站信号接收器、信号发射滤波器、集成电路板等。也称"5G 钢"。⬚例⬚因薄如蝉翼而得名的"蝉翼钢",是

知识窗

相关词语

首钢集团京唐公司生产的 5G 设备用钢,代表着首钢的科研实力和锻造水平。(2022 年 2 月 6 日《经济日报》)｜薄如蝉翼且光似镜面,厚度和一张 A4 纸差不多的明信片竟由钢材打造……北京 2022 年冬奥会运动项目"蝉翼钢"明信片受到收藏爱好者热捧。(2022 年 3 月 22 日《北京晚报》)

【长安链】　cháng'ānliàn　名词。新一代区块链开源底层软件平台,是我国第一个自主可控区块链软硬件技术体系。2021 年 1 月 27 日在北京发布。取名"长安链"喻意"长治久安、再创辉煌、链接世界"。例长安链坚持自主研发,秉承开源开放、共建共享的理念,面向大规模节点组网、高交易处理性能、强数据安全隐私等下一代区块链技术需求,为构建高性能、高可信、高安全的数字基础设施提供新的解决方案。(2021 年 2 月 3 日《人民日报》)｜"长安链"融合区块链专用加速芯片硬件和可装配底层软件平台,为构建高性能、高可信、高安全的数字基础设施提供新的解决方案。(2021 年 10 月 20 日《北京青年报》)

【长新冠】　chángxīnguān　名词。"长期新冠病毒传染病"的简称。指在疑似或确诊新冠病毒感染 3 个月后出现的持续至少 2 个月的一系列症状。这些症状主要包括疲劳、呼吸短促和认知功能障碍等。英文 Long COVID 的直译。也称"新冠综合征"或"新冠后遗症"(Post-COVID Conditions)。例荷兰一项研究显示,疫情早期感染新冠病毒的患者,痊愈后每八人中就有一人出现所谓"长新冠"的长期后遗症。(2022 年 8 月 6 日《北京晚报》)｜美国疾病控制和预防中心指出,因居住或工作的地点,或无法获得医疗保健,一些人感染新冠风险增加;医疗卫生不公也可能会使一些种族或少数族裔群体,以及一些残疾人更容易患上"长新冠"。(2022 年 11 月 25 日《新华日报》)

【嫦娥石】　cháng'éshí　名词。指中国科学家在月壤中新发现的磷酸盐矿物。因其从嫦娥五号月球探测器取回的样品中发现,故称。嫦娥石的英文名为 Changesite-(Y),其中:Change 是嫦娥的汉语拼音,s 是中文"石"汉语拼音 shí 的首字母,也是英文"stone(石头)"的首字母,site 是英文,意思是地址,Y 为特殊成分后缀。例"嫦娥石"是一种磷酸盐矿物,呈柱状晶体,存在于月球玄武岩颗粒中。(2022 年 9 月 9 日《中国日报》)|嫦娥石的发现是中国科学家首次在月球发现新矿物,体现了中国的现代科技和工程水平,是中国科学家为月球探测研究做出的新贡献。(2022 年 9 月 24 日《南方日报》)

【场所码】　chǎngsuǒmǎ　名词。指人员进入到某一场所使用的专用二维码,是平台为某一场所生成的一个独立标识码。例加大对来深人员行程码的核验力度,实现所有小区、城中村、酒店、民宿等"场所码＋电子哨兵"全覆盖,坚决防止疫情输入深圳市。(2022 年 3 月 18 日《北京青年报》)|出行时,市民、游客要配合做好扫场所码、测温等防疫措施。(2022 年 4 月 29 日《南方日报》)

 相关词语见"保码"。

知识窗　相关词语

【超级传播场】 chāojí chuánbōchǎng 超级传播者传播病毒所在的场所。仿"超级转播者"造词。例 在通化市东昌区东苑小区附近,一个挂着绿色牌匾的老旧居民楼一楼单元房,就是"超级传播场"源升品质生活坊。(2021 年 1 月 18 日《新华日报》)｜原本应输送健康的养生馆,为何在此次疫情中扮演了"超级传播场"角色?(2021 年 1 月 18 日《南方日报》)

【超前点评】 chāoqián diǎnpíng 指影视剧等作品在正式上映前,就集中出现大量评论打分的不正常现象。例 影视剧"超前点评"不只是"低级错误"。(2021 年 12 月 14 日海外网 百家号)｜央视曝光影视剧"超前点评",水军控评!(2021 年 12 月 15 日每日经济新闻 百家号)

【巢湖一号】 Cháohú Yīhào 中国"天仙星座"项目的第一颗卫星。2022 年 2 月 27 日发射成功。例 "巢湖一号"卫星将具备 6 小时应急成像能力,可以提供更加精准、高效、可靠的 SAR 卫星遥感数据服务,将为国家应急救灾体系打造一支可信赖的天基商业 SAR 力量。(2022 年 2 月 27 日央广网)｜淡蓝色的画面上,只见万里长江奔流入海,淮河、钱塘江、太湖、巢湖如带如镜,一座座城市星罗棋布……这是 7 月 12 日"巢湖一号"合成孔径雷达卫星从太空传回的长三角区域高清画面。(2022 年 7 月 22 日《南方日报》)

【沉默性缺氧】 chénmòxìng quēyǎng 指由新冠病毒感染引起的血液氧含量低,但并未出现呼吸急促或呼吸困难等症状的缺氧状态。也称"静默型缺氧""静默型低氧血症"。例 张医生日前就提醒称,应警惕高龄老人的"沉默性缺氧",

建议有条件的家庭可以自己购买,或者居委会也可以给 80 岁以上的老年人派送简易的指脉氧仪,监测感染的高危人员是否有重症风险。(2022 年 12 月 23 日《新京报》)｜很多老人得了新冠之后会表现出"沉默性缺氧",如不能及时发现,往往会造成难以挽回的后果。(2022 年 12 月 28 日《新民晚报》)

【宠物驿站】　chǒngwù yìzhàn　指专门帮忙照顾、看护宠物的机构。例居民的宠物也得到妥善安置,小型宠物可携带陪同,对于不能携带的宠物,启用"宠物驿站"进行免费托管。(2022 年 3 月 19 日《南方日报》)｜翟江注意到,4 月 7 日有媒体报道,深圳建了两个"宠物驿站",用来安置主人离家隔离的宠物。(2022 年 5 月 18 日《中国青年报》)

【次密】　cìmì　名词。"次密切接触者"的简称。例广州个案、佛山个案的密切接触者以及密切接触者的密切接触者(次密)涉及佛山的活动场所较多,部分场所属于通风不良的密闭空间。(2021 年 5 月 30 日人民网)｜按照疑似病例开展流行病学调查,每一例都有一组专责流调人员跟进,对其密接及次密进行甄别并隔离观察,对其相应的重点场所进行管控。(2021 年 9 月 7 日人民网)

【村 BA】　cūn BA　对贵州省黔东南州台盘乡的篮球赛事的戏称。2022 年 8 月,当地村民这场一年一度的篮球赛经由短视频在互联网上被广泛关注。仿"NBA""CBA"造词。例没有华丽专业的竞赛场地,没有丰厚的奖金,也没有耳熟能详的球队和大牌球星,但是依然引来了网络上过亿人次的围观——刚过去的炎热夏天,贵州省黔东南州台江县台

知识窗

相关词语

盘村的篮球联赛火遍全网,关注度甚至超过了不少专业联赛,被网友们亲切地称为"村BA"。(2022年9月4日《经济日报》)｜今年,"村BA"等民间赛事让更多人看到了群众体育的广阔空间,也感受到乡村日新月异的发展变化。(2022年12月30日《人民日报》)

　　📖 "村BA"由贵州省台盘村的吃新节篮球赛发展而来。该村在吃新节期间举办篮球赛已有几十年的传统,比赛场地设在村口球场,由村民组织比赛,参赛者以村民为主。吃新节(也称"尝新节")是湘、黔、桂等地仡佬族、苗族、布依族、白族、壮族、侗族等多个民族的传统节日,时间是每年六七月间。

【村巷法官】　cūnxiàng fǎguān　指定期进村(居)驻点,为群众提供纠纷调解、法律咨询、普法宣传等司法服务的地方人民法院审判、执法人员。例"村巷法官"将成为人民调解员、驻村律师以外,基层司法服务力量的有力补充。(2021年4月8日《南方日报》)｜除了为群众答疑,主动走街串巷普法也是"村巷法官"工作的重要内容。(2021年7月22日《人民日报》)

D

【大冤种】　dàyuānzhǒng　同"冤种"。例《独行月球》中,常远饰演马丽的"大冤种"同事,给马丽饰演的马蓝星送上滚烫

的开水,令人捧腹。(2022 年 7 月 26 日《北京青年报》)|幸而明成祖朱棣要比他的父亲明白怎样让艺术家祖表他的功业,赞美他的江山,不然真不知道还会有多少"大冤种"。(2022 年 9 月 9 日《北京青年报》)

【带押过户】　dàiyā guòhù　指在贷款未结清情况下交易房产,办理房产过户手续。例针对二手房交易过程中多部门分开办理时间长、买卖交易风险高、资金成本高的问题,深圳市坪山公证处积极探索实践"公证提存＋免赎楼带押过户"的二手房交易新模式。(2022 年 9 月 2 日《南方日报》)|截至 9 月底,建设银行苏州分行、中国银行苏州分行、苏州银行等 6 家金融机构已申请办理了 8 套住宅房屋的"带押过户"。(2022 年 10 月 9 日《新华日报》)

【单采】　dāncǎi　动词。指核酸采集时,一个人的采集拭子放在一个采集管中。区别于"混采"。例单采通常适用于重点区域人群、其他不适合混采的人群及医疗机构就诊患者。(2021 年 7 月 23 日《新华日报》)|向某 12 月 3 日入驻酒店后,工作期间未外出,5 日至 8 日曾到境外输入确诊病例隔离房间从事过消杀工作,8 日单管单采核酸检测结果为阳性,9 日确诊新冠肺炎轻型。(2021 年 12 月 21 日《北京青年报》)

【刀片嗓】　dāopiànsǎng　名词。指感染新冠病毒后嗓子出现的症状。因吞咽时嗓子像被刀片切割一样疼痛,故称。例一些药师上着班突然发烧了,吃一片退烧药继续工作;因为强忍"刀片嗓"为患者拿药,声音低又佩戴 N95 口罩,怕患者听不见医嘱,便在药房门口贴下"请患者支持和理解"的告

示。(2022 年 12 月 27 日《北京晚报》）| 曾玫说,"我们反而
发现,孩子发烧后退烧快,一般两天左右绝大部分都退了;成
人发烧后全身酸痛,还有'刀片嗓''水泥鼻'等症状,从发
热的时长还有发热的高峰来看,成人在这一波感染当中发热
的时长比孩子更加长一点。"(2022 年 12 月 31 日《新民晚
报》）

【德尔塔】　dé'ěrtǎ　名词。新冠病毒变异毒株 B.1.617.2。
2021 年 5 月世界卫生组织将其以希腊字母 δ(Delta)命名。
是希腊字母 δ 的音译。也称"德尔塔毒株"。例最早在印度
发现的新冠病毒变异毒株"德尔塔"(Delta)继在广州引发本
土疫情后,近日又在深圳、东莞引发本土疫情。(2021 年 6
月 22 日《中国青年报》）|"德尔塔"是新冠病毒中"最快、最
强健、最可怕"的版本,它几乎颠覆了人们对这种疾病的认知
和假设。(2021 年 8 月 5 日《中国青年报》）

【德尔塔克戎】　dé'ěrtǎkèróng　指新冠病毒德尔塔变异株
和奥密克戎变异株重组而成的一种变体毒株。例上周末,
来自塞浦路斯的科学家称发现了一种结合了德尔塔和奥密
克戎两种变异株特征的新冠病毒株,并将其命名为"德尔塔
克戎"(Deltacron)。(2022 年 1 月 12 日《南方日报》）| 德尔
塔克戎目前没有呈现这样的特点,占比几乎可以忽略不计,
大规模流行的可能性不大。(2022 年 3 月 21 日《新京报》）

【低碳卡】　dītànkǎ　名词。由中国银行联合美团发布的数
字人民币硬件钱包产品。面向大众流通,可用于线上线下
支付消费。例另一款由中国银行联合美团发布的"数字人
民币低碳卡硬件钱包"面向大众流通,试点地区用户均可免

费报名抽签申领。(2022 年 9 月 4 日《北京晚报》)｜同时，消费者在美团 APP 通过"贴一贴"激活和绑定低碳卡硬件钱包后,可在美团骑车、点餐、买菜等场景中用数字人民币硬件钱包免密支付,实现线上线下便捷支付。(2022 年 9 月 6 日《经济日报》)

【地狱犬】 dìyùquǎn 名词。新冠病毒的变异毒株 BQ.1.1 的代号。因其具备较强的传染性,致死率较高,故称。⊡近日网络流传一种名为 BQ.1.1 的新型变异毒株已经出现,传闻称该毒株的传染性和致死率都很高,又被称作"地狱犬"。(2022 年 12 月 14 日《北京晚报》)｜两位专家均表示:这并非官方命名,当初只是德国某些病毒学家在推特上取的病毒别称,用于记忆和区别病毒株名称和特性,但德国免疫学会也认为"地狱犬"一词不妥,会误导民众以为症状较严重,所以现在大家都通用 BQ.1,很少提地狱犬了。(2022 年 12 月 20 日《北京晚报》)

【第五界别】 dìwǔ jièbié 2021 年香港特别行政区选举委员会委员新增的界别。由香港特别行政区全国人大代表、香港特别行政区全国政协委员和有关全国性团体香港成员的代表界人士组成。因原有四个界别,即工商、金融界,专业界,劳工、社会服务、宗教等界,政界,故称。⊡将原来的四大界别增加到五大界别,将"香港特别行政区全国人大代表、香港特别行政区全国政协委员和有关全国性团体香港成员的代表界"单列为第五界别,在选委会中强化了国家利益的代表。(2021 年 3 月 31 日《人民日报》)｜11 日、12 日连续两天,由香港特区选举委员会第五界别委员共同发起的"落

实爱国者治港 推动良政善治"街站宣传活动在港展开。
(2021 年 9 月 14 日《南方日报》)

【点题整治】　diǎntí zhěngzhì　指各地纪委监委通过征集群
众身边腐败和不正之风的问题线索,梳理归纳出本地区突
出问题,并以此为切入点,督促职能部门开展专项整治的专
项工作。例目前,福建"点题整治"的 18 个项目正陆续进入
收官评价阶段,其他个性化诉求也在同步解决。(2021 年
11 月 5 日《人民日报》)｜前不久,正赶上福建省纪委监委开
展"点题整治"工作,"整治城区公共空间违规设立停车场问
题,规范收费管理等行为"刚好列在清单里。(2021 年 11 月
5 日《人民日报》)

【电子失恋】　diànzǐ shīliàn　指看完自己喜欢的影视剧后,
内心产生怅然、空虚,甚至难过的感觉。这种感觉犹如失恋
一般,故称。例何谓"电子失恋"? 这个词最初出现于 2020
年初热门影视剧《想见你》和《爱的迫降》结局之后,人们看完
喜爱的影视剧,突然不知道该做些什么,内心备感空虚、失落
甚至难过。(2021 年 4 月 13 日《中国青年报》)｜"电子失
恋"是一场浪漫后遗症,在影视剧搭建的"平行世界"里,人们
得以短暂地逃离现实,体验旁人的情感与经历。(2021 年 4
月 13 日央广网)

【电子外后视镜】　diànzǐ wài hòushìjìng　由高清摄像头、图
像传感器、成像处理器、显示屏等零件组成的电子后视镜系
统。例此外,魔方的"黑科技"还包括可将导航、ADAS、仪
表等数字化信息投射在前风挡上的 AR-HUD 和可提供传
统外后视镜的 3 倍视野的电子外后视镜。(2021 年 11 月

24 日《北京晚报》)｜外观科技配置方面,海外主流品牌用户对车顶激光雷达和电子外后视镜的偏好度高于其他群体,新势力品牌用户对隐藏门把手情有独钟。(2022 年 7 月 24 日《北京青年报》)

【电子榨菜】 diànzǐ zhàcài　网络用语。指吃饭时观看、收听的数字产品(如视频、说书等)。因这些数字产品的功能像榨菜佐餐一样,故称。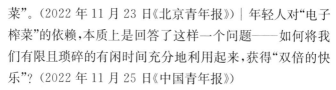例 到了饭点儿,外卖摆上桌后先支起 iPad 或手机,之后再吃饭,这已经成为当代年轻人用餐的“新潮流”。近来,大家又为这种“下饭”视频或音频播客发明了一个新名词“电子榨菜”。(2022 年 11 月 23 日《北京青年报》)｜年轻人对“电子榨菜”的依赖,本质上是回答了这样一个问题——如何将我们有限且琐碎的有闲时间充分地利用起来,获得“双倍的快乐”? (2022 年 11 月 25 日《中国青年报》)

【跌妈不认】 diēmā bùrèn　网络用语。指 2021 年 2 月下旬基金剧烈下跌,网友夸张地表示:基金下跌到妈都不认识了。例 随着众多明星基金净值下跌,网友们制造出了新的网络词“跌妈不认”,即是“基金跌到妈都不认识了”的意思。(2021 年 2 月 27 日《新民晚报》)｜股市持续下跌,基金收益率也遭遇“滑铁卢”,甚至由此诞生了一个网络新词“跌妈不认”,投资者用于形容自己买的股票基金与日俱跌的现状。(2021 年 3 月 2 日中国新闻网)

知识窗

相关词语

【叮咚邻里团】 dīngdōng línlǐtuán　指疫情防控期间为方便封控小区的居民买菜,由上海"叮咚买菜"平台推出的团购活动。他们将蔬菜、水果、肉禽蛋等基础民生商品做成组合套餐,每天定时、定点统一配送到小区自提点,为居民服务。例叮咚买菜为此次疫情而推出的"叮咚邻里团"则在很多社区实现集约式配送。(2022 年 3 月 29 日《新民晚报》)│叮咚买菜推出"叮咚邻里团",在上海很多社区实现了集约式配送,每天提供不同的蔬菜、水果、肉禽蛋奶等搭配套餐,通过次日达的形式定点统一配送到小区自提点。(2022 年 4 月 2 日《人民日报》)

【东数西算】 dōngshù xīsuàn　指通过构建数据中心、云计算、大数据一体化的新型算力网络体系,将我国东部地区的算力需求有序地引导到西部地区,从而优化数据中心的建设布局,促进东部、西部协同联动。例"东数西算"本质上就是将数字领域拆分成若干细分领域,每个领域都交给更适合的地方去建设,既可以避免重复性的投入和资源浪费,也可以给各地建设提供一个参照。(2021 年 5 月 31 日《光明日报》)│"东数西算"不仅有利于推动西部向数字经济迈进,也有利于东西部协同创新。(2021 年 11 月 8 日《经济日报》)

【冬奥闭环】 Dōng'ào bìhuán　指冬季奥运会所有相关人员从入境到抵离期间,餐饮、住宿、训练、比赛、媒体采访等,均在闭环管理中完成,不与无关的社会面接触。例今年,她成为国家体育馆的冬奥志愿者,无法回家;在朝阳医院工作的父亲也作为后勤保障人员进入冬奥闭环;妈妈和 5 岁的妹妹则留守平谷家中。(2022 年 1 月 31 日《北京晚报》)｜在疫情防控背景下,外国记者无法走出冬奥闭环。(2022 年 2 月 10 日《人民日报》)

【督帮一体】　dūbāng yītǐ　国务院"督察组"在执行考察任务时,坚持的督促与指导帮助并行的原则。例"督帮一体"助推 企业高质量发展(2021 年 6 月 17 日《南方日报》)｜要将大督查作为深化党史学习教育的重要载体,坚持督帮一体,加强协调联动,着力推动解决市场主体和人民群众急难愁盼问题。(2021 年 8 月 31 日《人民日报》)

【*钝角】　dùnjiǎo　形容词。本指大于 90°、小于 180°的角。现也指无厘头的,无实际意义的。例网络热梗"钝角"指的是一种很莫名其妙无厘头的抽象文化展现,实际上并没有任何意义,也可以理解为是对既定框架的打破,是对传统范式的叛离,是一种荒诞的艺术。(2022 年 1 月 25 日网易网)｜老五跌跌撞撞的钝角人生,也许并不是世俗意义上的成功,但他在精神上是锐角的,没有愧悔。(2022 年 6 月 23 日中青在线)

E

知识窗

相关词语

【俄乌冲突】　É-Wū chōngtū　指 2022 年 2 月 24 日爆发的俄罗斯与乌克兰之间的全面军事冲突。例俄乌冲突不会改变和平与发展的时代主题,各国人民对美好生活的追求不会变。(2022 年 7 月 2 日《光明日报》)｜俄乌冲突只是加剧全球粮食危机的又一个"黑天鹅"事件。(2022 年 8 月 11 日《经济日报》)

【二码联查】 èrmǎ liánchá　同时检查健康码和新冠病毒疫苗接种记录。例据悉,国家卫生健康委将指导各地用好健康码、接种码二码联查的措施,坚决杜绝将二码联查和强制性接种捆绑。(2021 年 9 月 8 日《新民晚报》)｜国家卫健委将指导各地用好二码联查措施,坚决杜绝将二码联查和强制接种疫苗捆绑。(2021 年 9 月 8 日《人民日报》)

相关词语见"保码"。

【二密】 èrmì　名词。"二级密切接触者"的简称。同"次密"。例新冠肺炎确诊患者崔某某不是"二密"而是密切接触者(2021 年 1 月 10 日《沈阳晚报》)｜猫妹的一个朋友去年跟密接打了个招呼,作为二密,二话不说被拉去宾馆住了 14 天,住到一半就受不了了。(2021 年 8 月 9 日新浪财经 百家号)

F

【发掘舱】 fājuécāng　名词。在考古发掘现场建立的实验工作舱。例这个装满各类设备的考古"发掘舱"可以控制温度、湿度,让人惊叹不已。(2021 年 3 月 21 日《南方日报》)｜在三星堆祭祀区发掘现场,一个密封的考古发掘舱

内,考古人员身穿防护服有条不紊操纵机械平台进行文物
发掘。(2021 年 3 月 30 日《人民日报》)

【**反内卷**】 fǎnnèijuǎn　指避免陷入过度的竞争。例相较于
互联网企业普遍实施的"996"工作模式,"强制下午 6 点下
班"的试点,的确不无反向操作的"另类"看点,将其称之为
"反内卷第一枪"或不为过。(2021 年 7 月 29 日《北京青年
报》)｜"不努力"和"反内卷"只在毫厘之间,他们却精准地打
动了观众的心。(2021 年 10 月 19 日《中国青年报》)

【**反向背调**】 fǎnxiàng bèidiào　求职者为了解情况,对目标
企业的工作环境、工作条件、工作内容等进行背景调查的行
为。这与传统的企业搜集应聘者资料的做法相对,故称。
例然而,有高校教师建议,大学生们在进行"反向背调"的同
时还需理性认识。(2022 年 4 月 18 日《中国青年报》)｜近
期,部分大学毕业生在求职时进行"反向背调",引起舆论关
注。(2022 年 4 月 21 日《光明日报》)

【**反向抹零**】 fǎnxiàng mǒlíng　商家结账时将货款的零头
进位凑成整数收款。因与抹去货款的零头只按整数收款的
行为相反,故称。例原本这是商家让利于民的善意行为,但
却有人借机玩起心眼,对消费者进行"反向抹零",看似只是
多收了几毛钱,但实际上是严重侵犯了消费者的知情权、选
择权与公平交易权。(2022 年 10 月 12 日人民网)｜生活
中"反向抹零"的情况比比皆是:"买衣服 124.5 元,收了 125
元""坐出租车 30.5 元,收费 31 元""开车加油,遇到多次'反
向抹零'"。(2022 年 10 月 13 日《南方日报》)

【***返工**】 fǎngōng　动词。本指产品因质量不符合要求而重

知识窗

相关词语

做。现指员工返回工作岗位做工。例今年春节前后,广东、广西间 321 国道上骑着摩托车返乡、返工的"摩托大军"不复往年盛况,规模正在逐渐减少。(2022 年 2 月 10 日《人民日报》)｜随着春节假期结束,江门市迎来节后人员返程、返工、返校高峰。(2022 年 2 月 15 日《南方日报》)

【防范区】　fángfànqū　名词。指根据现场流行病学调查结果,需要强化社会面管控,严格限制人员聚集的区域。区域内实行"两点一线、非必要不离开"的管理措施。也称"防控区"。例封控区实行"区域封闭、足不出户、服务上门",管控区实行"人不出区、严禁聚集",防范区实行"强化社会面管控,严格限制人员聚集"。(2021 年 9 月 14 日《北京晚报》)｜大连市精准划定封控区、管控区、防范区,实行分级分类管理,规范落实封闭管控等措施。(2021 年 11 月 16 日《北京晚报》)

　　📖　2021 年 9 月,国务院联防联控机制综合组印发了《新冠肺炎疫情社区防控方案》,明确要求一旦发生本土疫情,要尽早将社区(包含行政村)精准划分为封控区、管控区、防范区三类防控区域,统筹各方面力量,实施分类管理措施。

【防控区】　fángkòngqū　名词。同"防范区"。例发布会上通报,郑州在 7 月 31 日划分封闭区、封控区、防控区的基础上,于 8 月 2 日、8 月 3 日、8 月 4 日根据新发现病例分布情况,三次调整扩大封控区范围。(2021 年 8 月 5 日《新京报》)｜管控区域划定方面。划定封控区、管控区、防控区,实行分级分区管控,调整仙游县枫亭镇秀峰村、耕丰村、九社村、兰友社区、霞街社区为中风险地区,仙游县枫亭镇铺头社

区、麟山村为高风险地区,强化健康码运用和管理。(2021年9月12日《北京青年报》)

【**防伪溯源码**】　fángwěi sùyuánmǎ　附着在产品外包装上用以查询产品信息、鉴别商品真伪的独立编码。也称"防伪追溯码"。例建立政府监管平台,对跨境企业备案,对进口商品进行备案,且为每一个进口产品赋予防伪溯源码,形成政府监管体系。(2021年11月1日网易网)｜以君乐宝为例,有别于以往在消费市场常见的罐外防伪溯源码,君乐宝的内码是直接印刷于罐内铝膜纸内侧,只有揭开罐内的铝膜纸才能扫码。(2022年11月22日搜狐网)

　相关词语见"保码"。

【**废话文学**】　fèihuà wénxué　网络用语。指一些文不对题、废话连篇、毫无意义的文字形式。例"废话文学"最让人诟病的地方在于,没有提供新的信息含量,其本身也是一种无效信息。(2021年9月17日《南方日报》)｜这类毫无意义却又挑不出毛病的语句,被人们戏称为"废话文学"。(2021年9月28日《中国青年报》)

【**封控区**】　fēngkòngqū　名词。指划定的中、高风险区及新冠病毒核酸检测阳性病例的发现点、居住点、工作点、活动点及周边区域。区域内实行"封闭隔离、足不出户、服务上门"等管理措施。例7月28日早晨,他刚进店,咖啡店所在区域就被划定为封控区,他一个人在店里出不去,没有生活用品,他只能把咖啡店里的沙发当床。(2021年8月6日《中国青年报》)｜目前,当地已划定封控区、管控区、防控区,实行分级分区管控。调整5地为中风险地区,仙游县枫亭镇铺头

知识窗　相关词语

社区、麟山村为高风险地区。(2021年9月12日《南方日报》)

【逢阳必报】　féngyáng bìbào　新冠病毒核酸检测呈阳性的病例必须上报。是国家卫健委为强化疫情监测和信息报告对各地卫生健康部门提出的防疫标准。例要健全与各类"哨点"联动机制,逢阳必报、逢阳即报、接报即查。(2021年8月21日《新华日报》)｜孙春兰指出,要坚持"逢阳必报、接报即查、先管后筛",加快核酸筛查和流调进度,扩大排查范围,做好风险人员跨区域协查,加大信息推送力度,并及时赋码管理,确保通报到位、追踪到位、管控到位,全力避免疫情外溢。(2021年9月20日《人民日报》)

【佛媛】　fóyuàn　名词。网络用语。称常在寺庙等佛家圣地摆拍,以炫耀手抄佛经、品茗、坐禅等方式博取人们的关注,而后高价售卖物品,从中牟利的女子。例"佛媛",顾名思义就是打着信佛名义的名媛网红。(2021年9月24日《南方日报》)｜"佛媛"貌似精心设计、清新脱俗的摆拍,不过是带货走量的"外衣"。(2021年9月28日《中国青年报》)

 相关词语见"病媛"。

【福建舰】　Fújiànjiàn　名词。我国的第三艘航空母舰,是我国完全自主设计建造的第一艘弹射型航空母舰。2022年6月17日,经中央军委批准,将其命名为"中国人民解放军海军福建舰",舷号为"18"。例福建舰是我国完全自主设计建造的首艘弹射型航空母舰,采用平直通长飞行甲板,配置电磁弹射和阻拦装置,满载排水量8万余吨。(2022年6月18日《经济日报》)｜一些智库指出,如果说辽宁舰标志着中国航母零的突破,山东舰标志着自主设计建造国产航母零

的突破,那么福建舰就是美国之外超级航母零的突破。
(2022 年 9 月 22 日《中国青年报》)

【复兴文库】 Fùxīng Wénkù 一部以实现中华民族伟大复兴为主题,以思想史为基本线索编纂的大型历史文献丛书。例《复兴文库》以中华民族伟大复兴为主题,以思想史为基本线索,精选 1840 年鸦片战争以来同中华民族伟大复兴相关的重要文献,全景式记述了以中国共产党人为代表的中华优秀儿女为实现国家富强、民族振兴、人民幸福而不懈求索、百折不挠的历史足迹,集中展现了影响中国发展进程、引领时代进步、推动民族复兴的思想成果,深刻揭示了中华民族走向伟大复兴的历史逻辑、思想源流和文化脉络。(2022 年 9 月 27 日《人民日报》)|《复兴文库》由原中央文献研究室常务副主任、中国近代史和中共党史研究著名专家金冲及出任总主编,郑师渠、张海鹏、陈晋、张树军、谢春涛、张宏志等担任副总主编,集合国内有关领域的专家学者组建各编编委会承担具体编纂工作。(2022 年 11 月 25 日《新华日报》)

【赋码状态】 fùmǎ zhuàngtài 新冠疫情防控期间,市民健康码所呈现的状态。有红码、黄码、绿码三种。例尚在中高风险地区所在县(市、区、旗)的人员,其"北京健康宝"赋码状态被调整为黄码。(2021 年 8 月 8 日《北京晚报》)|经核验确无异常的,会及时调整赋码状态、解除进京购票限制。(2021 年 11 月 3 日《北京青年报》)

知识窗

相关词语

G

【伽马毒株】 gāmǎ dúzhū　新冠病毒变异毒株 P.1。2021 年 1 月该毒株在巴西亚马孙州被发现,2021 年 5 月世界卫生组织将其以希腊字母 γ(Gamma)命名。"伽马"是希腊字母 γ 的音译。例世界卫生组织最新发布的全球新冠疫情周报显示,阿根廷、巴西、智利、墨西哥四国都已发现全部 4 种被世卫组织标记为"需要关注"的变异毒株,包括在巴西等国占主导的伽马毒株以及传染性和毒性十分突出的德尔塔毒株。(2021 年 7 月 26 日《新华日报》) | 在世卫组织指定为令人担忧的其他 3 种新冠变异病毒中,阿尔法毒株存在于 182 个国家和地区,贝塔毒株存在于 131 个国家和地区,伽马毒株存在于 81 个国家和地区。(2021 年 7 月 29 日《新民晚报》)

【钢铁韭菜】 gāngtiě jiǔcài　网络用语。指炒股多年被反复"割韭菜",但一直没有退出股市的股民。是一种戏称,也带有自嘲的意味。例大家的发帖内容还主要是轻松愉快的分享收益,这种急转直下的心态转变,让越来越多的"钢铁韭菜"意识到,也许行情会很艰难,要做好应对的心理准备。(2021 年 3 月 23 日"澎湃新闻"客户端) | 南大有不少学生在投资理财,有的已经炼成"投资大佬",有的还在摸爬滚打,立志成为"割不动"的"钢铁韭菜"。(2021 年 5 月 26 日"澎湃新闻"客户端)

【岗课赛证】 gǎng-kè-sài-zhèng　指结合专业对应岗位设置课程,将比赛和考证融合的教育体系。"岗"是工作岗位,"课"是课程体系,"赛"是职业技能大赛,"证"是职业技能等级证书。例要一体化设计中职、高职、本科职业教育培养体系,深化"三教"改革,"岗课赛证"综合育人,提升教育质量。(2021年4月14日《中国青年报》)｜"岗课赛证融通"的教学方式已被项目以外的数控技术应用等6个专业推广应用,辐射引领计算机技术应用等4个专业成为省级双精准专业。(2021年4月14日《南方日报》)

📖 2019年,国务院印发了《国家职业教育改革实施方案》,明确提出"启动1＋X证书制度试点工作"。同时,教育部等四部门印发《关于在院校实施"学历证书＋若干职业技能等级证书"制度试点方案》提出,自2019年开始,围绕国家需要、市场需求及学生就业能力提升,从10个左右领域推进1＋X证书制度试点工作;结合1＋X证书制度试点,探索建设"学分银行",构建符合国情的国家资历框架,有序开展学历证书和职业技能等级证书所体现的学习成果的认定、积累和转换,为技术技能人才持续成长拓宽通道。

【高品会】 gāopǐnhuì　名词。"中国(澳门)国际高品质消费博览会暨横琴世界湾区论坛"的简称。例6月9日,"中国(澳门)国际高品质消费博览会暨横琴世界湾区论坛"(以下简称"高品会")新闻发布会在澳门召开。(2022年6月11日《南方日报》)｜在展商看来,高品会的举办,为两地拓展了开放合作新空间,为全球消费品行业发展注入了增长动力。(2022年12月5日《南方日报》)

知识窗

相关词语

【隔离管控】 gélí guǎnkòng　将新冠病毒核酸检测阳性个案的密切接触者及共同暴露高风险人群进行集中隔离和防控管理。例疫情发生后快速激活指挥体系,迅速组织核酸检测,精准锁定重点人员并隔离管控,切断传播途径。(2021年1月15日《中国青年报》)｜相关直接接触者、消费者及其密切接触者均已实施隔离管控,首次核酸检测均为阴性。(2021年1月18日《北京晚报》)

【个人经营收款码】 gèrén jīngyíng shōukuǎnmǎ　用于具有明显经营活动特征的个人用户收款的二维码。是中国支付清算协会在2022年2月22日发布的《关于优化条码支付服务的公告》中新设的收款码。例中国支付清算协会昨晚发布关于优化条码支付服务的公告,称新设"个人经营收款码",用户可自由选择使用,现行"个人收款码"不关闭、不停用、功能不变。(2022年2月23日《北京晚报》)｜为了让个体工商户、小微企业用户更便捷、安全地使用条码支付方式进行日常经营,强化支付机构服务意识,按照人民银行的有关规定,中国支付清算协会商会员机构研究提出了行业自律建议,进一步细化、完善支付服务功能,对具有明显经营特征的个人用户专设了"个人经营收款码"。(2022年2月25日《经济日报》)

相关词语见"保码"。

【跟监】 gēnjiān　动词。跟踪监控。例中国人民解放军东部战区对美舰过航行动全程跟监警戒。(2022年8月30日《南方日报》)｜与此同时,外军舰机紧紧随行、持续跟监。(2022年9月27日《人民日报》)

【共同富裕示范区】 gòngtóng fùyù shìfànqū 特指浙江高质量发展建设共同富裕示范区。例围绕"建设共同富裕示范区",形成共同富裕青年共识、推动青年共建共治共享。(2021年7月15日《中国青年报》) | 今年是建党100周年,也是浙江省高质量发展建设共同富裕示范区的开局之年。(2021年10月14日《中国青年报》)

【共享法庭】 gòngxiǎng fǎtíng 指地方各级人民法院在基层矛盾纠纷高发的地区,利用原有的信息化设备、场地、人员设置的线上法律诉讼服务点。共享法庭为人民群众提供了远程调解、网上立案、远程庭审、诉讼咨询等服务。例在南浔区矛调中心,法官、行业协会、人民调解员依托"共享法庭"共同调处一起涉木地板的买卖合同纠纷。法官"云上指导调解",行业协会线下辅助解答专业知识,多方合力,最终不到一个小时,双方就达成了和解。(2021年7月16日央广网) | 丽水推出共享法庭,在乡镇街道、金融和邮政服务网点等设立线上庭审服务点,聘请上述点位的工作人员作为联络员,指导群众参与在线调解、网上立案等一系列诉讼流程。(2021年8月5日《人民日报》)

【共享奶奶】 gòngxiǎng nǎinai 指在社区工作人员的组织下,以志愿者身份参与社区管理,负责接送、陪伴社区孩子的老人,主要是老年妇女。例"共享奶奶"是为了让社区老人老有所为、发挥余热,用空闲时间帮忙照顾家长工作繁忙的小朋友,同时在这一过程中收获满满的爱与陪伴。(2021年1月22日《北京青年报》) | 在社区工作人员组织下,一些空巢老人接20多个小学生放学,和大学生志愿者一起陪小朋

知识窗

相关词语

友学习玩耍,成为孩子们的"共享奶奶"。(2021 年 6 月 9 日
《南方日报》)

【句芒号】　Gōumáng Hào　名词。中国首颗陆地生态系统碳
监测卫星。2022 年 8 月
4 日 11 时 08 分成功发
射。其名字取自中国古
代神话中的木神和春
神。例国家航天局消

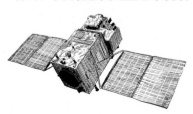

息:8 月 4 日 11 时 08 分,我国首颗陆地生态系统碳监测卫
星"句芒号"在太原卫星发射中心由长征四号乙运载火箭成
功发射。(2022 年 8 月 5 日《人民日报》)丨"句芒号"这个名
字来自我国民间神话。(2022 年 8 月 8 日《人民日报》)

【股媛】　gǔyuàn　名词。称被媒体质疑在社交平台用模拟盘
炒股,靠假亏钱卖惨,以骗取流量的女子。仿"佛媛""病媛"
造词。例这些被称为"股媛"的女性投资者主要是记录股市
投资情况,但未发现有疑似"杀猪盘"或把关注者引流到其他
平台的情况。(2021 年 11 月 22 日央视新闻)丨继"佛媛"现
象引发关注和争议之后,目前有媒体报道,疑似有女性博主
在社交平台用模拟盘炒股,靠假亏钱卖惨,骗取流量,并称之
为"股媛"。(2021 年 11 月 25 日中国新闻网)

 相关词语见"病媛"。

【挂网】　guàwǎng　动词。挂在网上,在互联网上进行操作。
例医保部门督促中选企业按中选价挂网销售,同时出台医
保支付政策,确保降价后的冠脉支架能让患者用得上、可报
销。(2021 年 1 月 2 日《北京晚报》)丨通知明确,对拒绝提

交守信承诺的投标挂网企业采取约束措施,公布一批取得治理实效的典型案例,推动信用评价制度落地见效。(2021年6月9日《北京晚报》)

【**管控区**】 guǎnkòngqū　名词。新冠病毒核酸检测阳性个案的密接、次密接及共同暴露高风险人群的居住点、工作点、活动点及周边区域。区域内实行"人不出区,严禁聚集"等管理措施。例本轮疫情中,看丹街道恒富中街3号院、4号院被列为封控区,6号院、7号院被列为管控区,为了保障居民尤其是老人的日常生活需求,看丹街道为他们送上"订单式"服务,3个套餐供居民选择,有菜有蛋还有肉。(2021年10月23日《北京青年报》)│根据确诊病例工作地、活动地,将相关有一定传播风险的区域,划为管控区,实行"人不出区、严禁聚集、全员核酸检测"。(2021年10月26日《新民晚报》)

【**管长**】 guǎnzhǎng　名词。指核酸混采时每组中排在第一位的受检者,以五人一组或十人一组。因此人需手持检测采样管并将其交给采样人员,故称。也称"捅领""十户长"。例排到妈妈的时候,正好上一组刚满10个人,于是这个小朋友成了下一组的"管长"。(2022年5月14日《北京晚报》)│这10个人只有我有管子,当然是管长喽。(2022年5月22日《北京晚报》)

【**光储直柔**】 guāngchǔzhíróu　集光伏发电、储能、直流配电、柔性用电于一体的建筑。例屋顶光伏发电—建筑储电—直流电系统—柔性供电用电模式,就构成了"光储直柔"建筑配电模式。(2021年8月24日《新华日报》)│提高建

知识窗

相关词语

筑终端电气化水平,建设集光伏发电、储能、直流配电、柔性用电于一体的"光储直柔"建筑。(2021 年 10 月 27 日《人民日报》)

【**果冻屏**】 guǒdòngpíng　名词。用户上下滑动电子设备屏幕时,屏幕两侧刷新率不一致,左右侧存在明显位移差异的现象。因屏幕显示内容呈波浪状,像晃动的果冻,故称。例据网友反应,iPad mini 6 出现"果冻屏"问题,在竖屏使用时出现左右刷新位移不同步的现象。(2021 年 9 月 25 日腾讯网)| 所谓"果冻屏"现象,就是指电子设备的屏幕在竖屏状态下,用手指上下滑动屏幕时,屏幕两侧的刷新率不一致,导致一边快一边慢,屏幕显示的内容就像晃动的果冻一样。(2021 年 10 月 2 日新浪网)

【**过航**】 guòháng　动词。(舰船)航行通过(水域)。例美舰过航台湾海峡这套把戏,还是留给那些迷信霸权的人看吧。(2022 年 3 月 2 日《新华日报》)| 此外,美国还以"捍卫自由航行"为名,8 月 28 日派遣"安提坦"号、"钱斯洛斯维尔"号巡洋舰过航台湾海峡,并借此大肆炒作。(2022 年 9 月 1 日《中国青年报》)

H

【**海基一号**】 Hǎijī Yīhào　我国自主设计建造的亚洲第一深水导管架平台。它是固定式海上油气平台的地基,故称。

例"海基一号"填补了国内超大型深水导管架设计建造的多项技术空白。(2022年3月2日《南方日报》)｜深水导管架平台"海基一号"昨天在南海陆丰油田作业区正式投产。(2022年10月4日《北京晚报》)

📖 "海基一号"是我国自主设计建造的亚洲第一深水导管架,2022年10月3日在南海陆丰油田作业区正式投产。"海基一号"总高度达302米,总重量达3万吨,下水作业地点水深约284米,是国内首次在近300米水深海域安装固定式导管架,高度和重量均刷新了我国海上单体石油生产平台纪录。

【海巡08】 Hǎixún 08　中国第一艘深远海大型专业海道测量船。例据悉,"海巡08"轮由中国船舶第七〇八研究所设计,设计航区为无限航区,总长123.6米、型宽21.2米、型深9.3米,排水量约7500吨,设计航速15节,续航力18000海里,自持力60天,定员100人。(2022年7月8日《新民晚报》)｜7月8日,我国具备深远海测量能力的专业海道测量船"海巡08"轮在中国船舶集团有限公司下水。(2022年7月9日《人民日报》)

【*核酸】 hésuān　动词。本指由核苷酸聚合成的生物大分子化合物,分为脱氧核糖核酸(DNA)和核糖核酸(RNA)两类。现用来指做新冠病毒核酸检测。例"你有 Clubhouse 邀请码吗?"这句话在最近几天取代"核酸了吗",成为又一流行密语。(2021年2月7日《新京报》)｜从第一次听到"核酸检测",到日常问候"您核酸了吗",对于大多数人来说,也不过一年的时间。(2021年2月17日《中国经营报》)

知识窗

相关词语

【核酸小屋】 hésuān xiǎowū　专门设置的新冠病毒核酸检测采样点,因外观像一个小屋子,故称。例随着疫情防控常态化,适应日常核酸采样的新产品——核酸小屋应运而生。(2022年5月24日《中国青年报》)｜江门加快建设"两中心一基地",已有22家企业和机构进驻办公,研发推出网格员单兵智能装备"智慧网格信息服务仪"V3.0和"核酸小屋"专项应用场景,在63个村居和5个重要场所全面试用。(2022年10月13日《南方日报》)

【后现代周期】 hòuxiàndài zhōuqī　指以监管加码、政府在GDP中占比上升、税率提高,以及盈利在GDP中占比潜在下行等为推动因素的投资周期。例在"后现代周期"中,通胀风险将大于通缩,且伴随着经济区域化、劳动力、商品价格上升。同时,政府也会变得"更大、更积极"。(2022年5月11日新浪网)｜在后现代周期下,未来股市"长牛"走势难以复现,取而代之的是一个更加"宽且平"的市场环境(交易范围更广但回报率更低)。(2022年7月1日新浪网)

【护苗2021】 hùmiáo 2021　以净化校园周边文化市场、打击侵权盗版教材教辅、清理网上有害不良信息、防止未成年人网络沉迷为四项重点任务的专项行动。由我国"扫黄打非"办公室安排部署,因专项行动于2021年3月开始,以保护幼苗(即未成年人)为主,故称。例"护苗2021"专项行动开展以来,各地"扫黄打非"部门以新修订的《未成年人保护法》施行为契机,认真组织开展校园周边文化市场和涉未成年人网络文化环境专项整治。(2021年9月17日《光明日报》)｜"护苗2021"专项行动中,仅7至8月,全国累计查缴

少儿类非法出版物 52.3 万件,查删网络有害信息 12.6 万余条。(2021 年 9 月 24 日《中国青年报》)

【沪苏同城化】　Hù Sū tóng chéng huà　苏州贯彻落实长三角一体化国家战略的重要举措。例作为长三角经济"第二城",苏州紧邻上海,推进"沪苏同城化",上海的功能就能成为苏州的功能,上海的优势就能成为苏州的优势。(2021 年 1 月 11 日《新华日报》)│"接下来,我们将带头对接上海,在沪苏同城化发展中找准定位、主动作为,系统谋划教育、医疗等普惠性民生领域工作,更大力度增加公共服务供给,为长三角区域推动更高质量一体化发展提供先行示范。"吴江区委副书记、区长王国荣说。(2021 年 3 月 26 日《新华日报》)

【华智冰】　Huà Zhìbīng　名词。中国第一个原创虚拟学生,她是清华大学计算机系 2021 级新生。例这些数据由大规模知识图谱协助组织,通过云服务的方式使得她可以针对不同问题给出最合理的回答;另一方面,华智冰部署了中国自主研发的超大规模预训练模型"悟道",通过其中的认知模型和知识图谱,华智冰可以按照不同"人设"完成问答,还可以不断纠错。(2021 年 6 月 16 日《北京晚报》)│唐杰透露,华智冰背后的"数字脑"不仅仅能搭载在实体机器人上,未来还能装在数字人、全息人、手机和电脑上,可以更加方便地进入人们的日常生活。(2021 年 10 月 12 日《中国青年报》)

【幻阳症】　huànyángzhèng　名词。指因新冠疫情导致的心理不适应,并虚幻地感觉自己有咽痛、头痛、肌肉酸痛等新冠症状。例日前,网络上频频冒出一种新的"不明疾病"——"幻阳症"。(2022 年 12 月 21 日《南方日报》)│说到底,幻

知识窗

相关词语

阳症的根源,在于过度的谈"疫"色变。(2022 年 12 月 21 日
《南方日报》)

【黄金内湾】 Huángjīn Nèiwān　指粤港澳大湾区境内经济
生态圈。例发展是硬道理,打造"黄金内湾"、推动珠江口高
质量一体化建设就是要为大湾区装载内生动力。(2022 年
6 月 17 日《南方日报》)|广东省第十三次党代会提出打造
"黄金内湾",促进珠江口东西两岸融合,推动大湾区城市一
体化发展。(2022 年 7 月 28 日《南方日报》)

【混采】 hùncǎi　动词。指核酸采集时,将 5 个人或 10 个人
的采集拭子混放在一个采集管中。区别于"单采"。例 8 月
3 日,苏州高铁新城开展了全员核酸检测应急演练,对辖区
内商超、楼宇、社区、工地共计 18 个点位进行核酸检测应急
演练。为了提高效率和节约物资,本次演练采用了混采的
模式。(2021 年 8 月 6 日《中国青年报》)|场馆中,工作人
员、媒体记者等严格遵守防疫规定、自觉保持社交距离;比赛
后,运动员自取奖牌佩戴,参加远程混采……(2021 年 10 月
11 日《人民日报》)

【火锅料理师】 huǒguō liàolǐshī　指从事火锅锅底、酱料、蘸
料的制作,菜肴预制,菜品切配并具备一定餐饮经营、管理能
力的人员。《中华人民共和国职业分类大典(2022 年版)》新
增列的工种。例重庆市火锅协会会长陈国华认为,"火锅料
理师"这一新工种出现,让众多火锅传承人为之振奋,这在中
国火锅发展史上具有里程碑意义。(2022 年 10 月 15 日央
视网)|"火锅料理师"正式成为国家"新职业工种",填补行
业专属职业空白。(2022 年 10 月 16 日央视网)

J

【饥饿之石】 jī'è zhī shí　指中欧地区河床上的石头,也是一种水文地标。因其往往只在严重干旱、水位极低时才出现,上面刻有以前的人们留下的灾害警示信息,故称。[例]在 15 世纪至 19 世纪期间,德语地区的民众通过树立"饥饿之石"来纪念和警示饥荒。(2022 年 8 月 25 日《经济日报》)|中欧地区,多块"饥饿之石"重现天日。(2022 年 8 月 31 日《中国青年报》)

【即日筹】 jírìchóu　名词。香港地区接种新冠疫苗的预约凭证之一。当天取号就可当天接种新冠疫苗,无须网上预约。[例]由于每日均会派发"即日筹",呼吁长者无须过早到社区疫苗接种中心轮候。视乎长者对"即日筹"的反应和实际情况,特区政府会考虑将"即日筹"推展至 60 岁或以上人士。(2021 年 7 月 27 日中国新闻网 百家号)|根据特区政府安排,22 日开始,新冠疫苗接种计划下 21 间社区疫苗接种中心,将为所有有意接种疫苗的合资格人士提供"即日筹",让他们在派发筹号当天的指定时段于接种中心接种疫苗。(2021 年 9 月 23 日人民网)

【集中供地】 jízhōng gōngdì　地方政府在进行土地招拍挂时,将一年内要出让的土地分三个批次集中投放。自然资源部于 2021 年 2 月推出的在 22 个重点城市住宅用地"两

知识窗

相关词语

集中"的政策,即:集中发布出让公告、集中组织出让活动,全年将分3批次集中统一发布住宅用地的招拍挂公告并实施招拍挂出让活动。例易居研究院的政策分析文章指出,集中供地政策有助于减少土地哄抢,促进各地土地交易市场平稳,本质上也是"稳地价、稳房价、稳预期"的重要体现。(2021年3月1日《经济日报》)|早在今年3月,北京率先在首批集中供地中实施"房地联动、一地一策"会商机制,结合区域位置、周边市场、土地成本等因素,给每一块入市的地块"量身定制"了不同的土地竞买或房屋销售条件。(2021年8月6日《北京晚报》)

【加强针】　jiāqiángzhēn　名词。在完成疫苗接种后,根据抗体消退的情况进行补充接种,保持人体对病毒免疫力的疫苗剂次。新冠防疫期间特指新冠疫苗第3针接种。例从国内外研究结果来看,接种新冠疫苗之后,产生的抗体水平会随着时间推移出现下降情况。加强针通过增加接种疫苗的剂次,能快速提高体内抗体水平。(2021年10月31日《光明日报》)|针对老年人感染较多的特点,昌平区重点组织动员老年人接种疫苗,全力推进商超、物流等重点人员接种加强针。(2021年10月31日《北京晚报》)

【价格刺客】　jiàgé cìkè　指故意与同类低价商品混合摆放且不明码标价的高价商品。消费者购买消费时才发现受骗,像被刺客偷偷刺中一剑那样,故称。例"价格刺客"频频"刺伤"消费者,一方面是因为经营者不标示价格,或者故意弱化价格标示,像在一些小店中,往往将几十元一支的活动铅笔,与几元钱一支的活动铅笔,一股脑地堆在一起,每个品

种对应的价格却并不明晰,孩子一不小心拿到"刺客",家长结账时无奈只得被"刺"。(2022 年 8 月 26 日《新民晚报》)|最近一段时间,共享充电宝被冠上"价格刺客"的名头多次冲上热搜。(2022 年 10 月 31 日腾讯网)

【柬钢】 Jiǎngāng　名词。中国网民对柬埔寨的称呼,形容中柬双方友谊坚如钢铁。例中柬两军是情同手足的好兄弟,互帮互助的好朋友。有中国网民把柬埔寨称为"柬钢",形容双方友谊坚如钢铁。(2021 年 7 月 29 日人民网)|在中国的众多邻国中,有两个国家跟中国有着非比寻常的关系,它们一个被称作"巴铁",即巴基斯坦,另一个被称为"柬钢",也就是柬埔寨。(2021 年 9 月 8 日"澎湃新闻"客户端)

【减负行动 3.0】 jiǎnfù xíngdòng 3.0　《科技部 财政部 教育部 中科院 自然科学基金委关于开展减轻青年科研人员负担专项行动的通知》的通称。2022 年 8 月 8 日发布。例减负行动 3.0 提出,国家重点研发计划 40 岁以下青年人才担任项目(课题)负责人和骨干的比例提高到 20%。(2022 年 8 月 10 日《人民日报》)|减负行动 3.0 的"保时间"措施提出确保青年专职科研人员工作日用于科研的时间不少于4/5;不要求青年科研人员参加应景性、应酬性活动,列席接待性会议……将青年科研人员从不必要的事务性工作中解放出来。(2022 年 8 月 10 日《人民日报》)

【减污降碳】 jiǎnwū jiàngtàn　"减污"就是降低污染物排放;"降碳"是要进一步降低碳排放强度,有效应对气候变化。例近年来切身感受到了天更蓝、水更清、空气更好,生态环境部门以改善环境质量为核心,把减污降碳作为关键抓手,不断促进产业结构变"轻"、发展模式变"绿"。(2021 年 3 月 6 日《新华日报》)｜要从生态系统整体性出发,更加注重综合治理、系统治理、源头治理,加快构建减污降碳一体谋划、一体部署、一体推进、一体考核的制度机制。(2021 年 8 月 31 日《新京报》)

📖 2021 年 4 月 30 日,习近平总书记在主持中共中央政治局第二十九次集体学习时强调:"'十四五'时期,我国生态文明建设进入了以降碳为重点战略方向、推动减污降碳协同增效、促进经济社会发展全面绿色转型、实现生态环境质量改善由量变到质变的关键时期。"

【简易续约】 jiǎnyì xùyuē　指符合条件的药品在国家医保目录内药品谈判期间无须再走谈判流程,只要通过专家评审、确定支付标准就可以签约。这是 2022 年医保目录内药品续约的"新规则"。例《谈判药品续约规则(征求意见稿)》提出了纳入常规目录管理、简易续约和重新谈判三种谈判药品续约规则,并对三种续约方式进行详细规定。(2022 年 6 月 17 日《北京晚报》)｜今年调整医保支付范围但对基金影响预算不大的药品也可以简易续约。(2022 年 7 月 1 日《南方日报》)

【教共体】 jiàogòngtǐ　名词。城乡义务教育共同体的简称。是义务教育阶段城区或镇区优质学校与乡村或镇区学校结对形成办学共同体,实现以强带弱、共同发展,提升城乡义务教育优质均衡水平的学校发展模式。例去年年底……浙江成为全国首个全省域开展城乡教育共同体(简称"教共体")建设的省份。(2021 年 4 月 2 日《人民日报》)｜在融合型

"教共体"内,教师将实行无障碍调配;共建型"教共体"的核心校要选派骨干教师,到每一所成员校任教;协作型"教共体"则根据学科要求,指派一定数量教师到乡村学校支教。(2021 年 4 月 2 日人民网)

【揭榜挂帅】 jiēbǎng guàshuài　一种以科研成果来兑现的科研经费投入体制。是由政府组织面向全社会开放征集科技创新成果的非周期性科研资助安排。例构建新发展格局最本质的特征是实现高水平的自立自强,必须更强调自主创新,全面加强对科技创新的部署,集合优势资源,有力有序推进创新攻关的"揭榜挂帅"体制机制,加强创新链和产业链对接。(2021 年 1 月 12 日《中国青年报》)｜去年全国两会"揭榜挂帅"的一声号令,促进了江苏科技体制改革"再出发"——去年省技术产权交易市场向社会悬赏金额 2 亿元,征集 8000 条技术难题。(2021 年 2 月 28 日《新华日报》)

【解窗】 jiěchuāng　动词。新冠防疫期间指解除健康码的弹窗。例以下小编整理的健康宝 5 类"弹窗"及解窗办法,请注意查收!(2022 年 5 月 20 日"HOGO 和家新生活"公众号〔ID:HOGOLIFE〕)｜速看!这几类"北京健康宝弹窗",解窗办法一览便知!(2022 年 5 月 20 日"HOGO 和家新生活"公众号〔ID:HOGOLIFE〕)

【*借考】 jièkǎo　动词。本指高考考生在非户籍所在地申请参加考试。2022 年指参加全国研究生初试的考生,因疫情防控而返回原报考点有困难的,可以申请在滞留地参加考试。例因此,借考制度有利于最大限度保障考生应考尽考,降低疫情带来的负面影响,为学生提供便利实惠。(2022 年

12 月 13 日《光明日报》）｜12 月 18 日 7 时 30 分开始,中转站陆续向借考省份分发试卷,至 18 日 12 时完成分发,整个过程交接手续齐全、准确无误。(2022 年 12 月 30 日《新京报》)

【金墩墩】 jīndūndūn　名词。2022 年北京冬奥会"限量版"冰墩墩纪念品。因其外形周围有金边而得名。例各国运动员也纷纷在社交媒体上自发为冰墩墩宣传,运动员们参赛前三名可获得的专属定制版"金墩墩",更是引起了无数网友的羡慕。

(2022 年 2 月 13 日《南方日报》）｜短道速滑女子 3000 米接力颁发纪念品仪式后,获得铜牌的中国队姑娘们招呼一同站上领奖台的荷兰队和韩国队选手围在一起快乐自拍,大家举着"金墩墩"的笑脸温馨定格,向世界传递着"更团结"的讯息。(2022 年 4 月 7 日《人民日报》)

【金容融】 jīnróngróng　名词。2022 年北京冬残奥会吉祥物雪容融的金色版。例北京冬奥会的颁奖吉祥物是金墩墩,冬残奥会颁奖吉祥物是金容融,你们喜欢吗?(2022 年 3 月 3 日《人民日报》）｜赛后,喜提"金容融"、身披五星红旗的梁子

路告诉记者,自己最想和姐姐分享喜悦:"姐,我拿牌儿了!"
(2022 年 3 月 11 日《北京晚报》)

【经营性自建房】 jīngyíngxìng zìjiànfáng 指自己建设用来出租或者商业营业的房屋。例全国自建房安全专项整治工作推进视频会议强调,要盯紧盯牢关键环节和重点任务,聚焦三层以上、人员密集、违规改建的经营性自建房,加快推进排查整治。(2022 年 6 月 14 日《中国青年报》)｜6 月 22 日,安委办督导组对宜兴市湖父镇一家"上元度假民宿"的经营性自建房进行督导检查。(2022 年 7 月 17 日《新京报》)

【精网微格】 jīngwǎng wēigé 指按照人口标准,因地制宜地划分网格,精细全面覆盖的社会治理模式。例通过积分制管理方式,推进"精网微格"建设,进一步夯实基层治理基础。(2022 年 7 月 19 日《新华日报》)｜抓实社会治理现代化试点建设,持续推进社会治理现代化先进镇(街道)和平安法治先进村(社区)创建,深入推进"精网微格"工程。(2022 年 9 月 23 日《新华日报》)

【精准防控】 jīngzhǔn fángkòng 新冠疫情期间的防疫措施。指在不全员核酸、不封城的前提下,通过精准地封小区或封部分区域来控制疫情。例北京冬奥会成功举办,折射出中国精准防控疫情的灵活与高效。(2022 年 2 月 23 日《中国青年报》)｜保持战略定力、强化责任担当、坚定必胜信心,以科学精准防控的确定性应对世纪疫情变化的不确定性,我们就能夺取战"疫"的胜利,落实疫情要防住、经济要稳住、发展要安全的要求。(2022 年 11 月 29 日《经济日报》)

【鲸落体】 jīngluòtǐ 名词。一种汉字硬笔手写字体,字形端

知识窗

相关词语

庄沉稳,重心向下,字迹清新脱俗。因笔画往往有一定的弯曲度,类似鲸鱼死亡后沉到海底时的样子,故称。例和之前校园中流行的"奶酪体"相比,"鲸落体"明显要更让老师觉得赏心悦目。(2021年3月18日腾讯网)｜这种字体好像鲸鱼一样浮出水面,看起来特别的唯美,所以学生们便把它称为"鲸落体"。(2021年4月12日腾讯网)

【净网2021】 jìngwǎng 2021 指重点整治、净化网络直播、网络游戏、网络文学、弹窗广告、网络社交平台五个领域的网络环境的专项行动。由我国"扫黄打非"办公室安排部署。例全国"扫黄打非"办负责人介绍,将以"护苗2021""净网2021""秋风2021"专项行动为开展平台,坚持问题导向、强化查处打击,努力实现保护未成年人氛围更加浓厚、网络空间持续清朗、新闻出版传播秩序不断改善的工作目标。(2021年3月20日《人民日报》)｜今年以来"净网2021"专项行动重拳出击,截至9月,共抓获违法犯罪人员1.6万余名,对其中6700余人采取刑事强制措施。(2021年10月11日《人民日报》)

【竞价挂网】 jìngjià guàwǎng 在互联网上以竞价的方式招标或投标。例种植体、牙冠两个部分的价格通过集中采购和竞价挂网产生。(2022年9月9日《南方日报》)｜种植牙牙冠加工制作的个性化要求高,与临床使用端互动紧密,现阶段以探索竞价挂网为主,由四川省先行先试,形成牙冠价格的参照系,其他省份做好价格联动,以点带面,促进牙冠价格阳光透明。(2022年9月16日《南方日报》)

【*静默】 jìngmò 名词。原指宁静沉默,不发出声音;肃立

不作声,表示悼念。现指区域内发生新冠疫情后所采取的一种临时管控状态,即管控区域内人员停止非必要流动,暂时静下来、停下来。|例|按照疫情防控要求,全县全域必须保持静默状态,民众必须做到足不出户。(2022年5月18日《北京青年报》)|各县(区)立即开展全员核酸检测工作,严格落实常态化疫情防控各项措施;市全域实行静默管理,人员不进不出。(2022年8月9日《北京青年报》)

【静态管理】 jìngtài guǎnlǐ　新冠疫情防控管理模式之一。指区域内除核酸检测、医疗救护、应急抢险、生产生活保供、垃圾处理、行政执法等工作人员外,全体居民非必要一律不外出。具体包含三个"暂停"和三个"不":三个"暂停"指除参与防疫工作的人员之外,全市所有行政事业单位人员全部居家办公;除相关重点企业、保障民生的公共服务类企业之外,所有经营性场所暂停营业;除具备条件的超市、药店、医疗机构等外,其他商户暂停营业,网约车、出租车全部停运。三个"不"指居民不聚集、不流动、不出门。也称"静默管理"或"全域静态管理"。根据管控级别及管控严格程度,由低到高依次分为:静态管理、静态管控、封城。|例|据介绍,该局结合疫情防控形势、中心城区静态管理的实际情况,坚持法治惠民不停步,积极为企业和群众提供精准、高效的法律服务,取得明显成效。(2022年4月13日《新华日报》)|学校执行静态管理政策后,为帮助学生解决静态管理带来的不便,学校党委连夜成立"学生宿舍临时党支部",覆盖全校所有21个学生宿舍楼,每个楼层建立1个临时党小组。(2022年5月10日《中国青年报》)

【九天之火】 Jiǔtiān Zhī Huǒ　指北京冬残奥会官方火种。因其采集自英国曼德维尔和中国北京、张家口等九个点位，故称。例火种汇集仪式后，将继续在以"九天之火"为主题的天坛公园进行火炬传递。（2022 年 3 月 2 日《新华日报》）｜3 月 2 日下午，采集自北京、张家口的 8 个残奥火种，连同 3 月 1 日凌晨在英国曼德维尔采集的火种，在北京天坛公园举行的火种汇集仪式上汇聚成"九天之火"，北京 2022 年冬残奥会官方火种生成。（2022 年 3 月 3 日《中国青年报》）

【就地过节】 jiùdì guòjié　特指因故节假日非必要不返乡，留在工作地或居住地度过假期。例鼓励在京单位推行弹性休假，引导人员错峰离返京。倡导市民群众就地过节。（2020 年 12 月 25 日《北京晚报》）｜全面倡导"非必要不出京不出境""市民群众就地过节"。（2020 年 12 月 30 日《北京青年报》）

【就地过年】 jiùdì guònián　指因故春节放假非必要不返乡，留在工作地或居住地过年。例"就地过年"虽只是倡导不具强制性，但为了自己及家人，也为了全社会，就不妨更多些容忍。（2020 年 12 月 27 日《新京报》）｜近日，全国多地发布政策，对就地过年的外来建设者施行关心关爱行动，确保他们度过欢乐安全祥和的春节假期。（2021 年 1 月 22 日《中国青年报》）

【就地借考】 jiùdì jièkǎo　特指新冠疫情期间，隔离滞留的考研学生就地参加研究生入学统一考试。例 400 余名因隔离滞留考生需要就地借考，浙江省临时从省外和省内调卷，并采取措施确保做卷准确、试卷安全、考试公平。（2021 年

12 月 19 日新浪财经　百家号）｜西北农林科技大学新增承担申请在相关地区就地借考考生的考试组织工作。(2021 年 12 月 23 日界面新闻　百家号)

【剧本游】 jùběnyóu　名词。指通过原创剧本进行户外拓展的沉浸式游戏。例"剧本游"只是一个载体,在易蓉的设想中,游戏中涉及的茶道、香道、服装,都可以变成文创产品。(2021 年 9 月 14 日《中国青年报》)｜在博物馆做"剧本游",有一个比较大的限制就是晚上时间无法利用,而且一场活动耗时两个小时,所以一天只能安排上午和下午各一场。(2021 年 9 月 14 日新浪财经　百家号)

【*卷】 juǎn　❶动词。非理性竞争。例三年前的制作,三年后播出,让《云顶天宫》与制作日益"卷"起来的国产网剧相比,更显拉胯。(2021 年 7 月 30 日《北京青年报》)｜过度商业化的学科培训"卷"走了学生的课外时间和全面发展的机会,也"卷"走了家长们的钱,"卷"得他们越来越焦虑。(2021 年 9 月 8 日《光明日报》)❷形容词。非理性竞争的。例"双十一"越来越"卷"。(2021 年 11 月 2 日《北京青年报》)｜1920 年的北京,由于车夫数量的增长速度远远超过乘客,使得人力车越来越"卷"。(2021 年 11 月 5 日《北京晚报》)

【绝绝子】 juéjuézǐ　网络用语。表示"太绝了""太好了"或"差极了",用于赞美或嘲讽。例不管什么情况,"救命""绝绝子""yyds"都可以一句话走天下。(2021 年 8 月 25 日《南方日报》)｜"yyds"(永远的神)表达赞美、无论好极了还是坏极了都是"绝绝子",这种违背汉语语法的奇怪表达已经成为潮流。(2021 年 9 月 2 日《北京晚报》)

知识窗

相关词语

K

【卡哥】　kǎgē　名词。指货运行业中的货车司机。例在疫情之下,像吕哥这样被困在高速公路上的"卡哥",各种困难更是被放大了。(2022 年 4 月 14 日《中国青年报》)|面向货车司机、网约车司机和卡嫂群体,精心打造月亮湾社区司机之家阵地,取名"师傅·家",为卡哥卡嫂提供休闲小憩、表达诉求、参与活动和回馈社区的场所。(2022 年 7 月 1 日《南方日报》)

【卡嫂】　kǎsǎo　名词。指货运行业中货车司机的妻子。例何为"卡嫂"?顾名思义,"卡嫂",是卡车司机的爱人,物流行业的人习惯称呼她们为"卡嫂"。(2022 年 5 月 20 日《南方日报》)|作为"卡嫂"们的心灵驿站,不定时可以有心理疏导、婚姻家庭调解等服务。(2022 年 5 月 20 日《南方日报》)

【考古发掘舱】　kǎogǔ fājuécāng　为保护考古发掘现场搭建的恒温、恒湿,并具备其他科技保护手段的玻璃大棚。例考古工作者充分运用现代科技手段,建设考古发掘舱、集成发掘平台、多功能发掘操作系统,在多学科、多机构的专业团队支撑下,构成了传统考古、实验室考古、科技考古、文物保护深度融合的工作模式。(2021 年 3 月 21 日《新京报》)|在三星堆祭祀区发掘现场,一个密封的考古发掘舱内,考古人员身穿防护服有条不紊操纵机械平台进行文物发掘。

（2021 年 3 月 30 日《人民日报》）

【考古方舱】　kǎogǔ fāngcāng　同"考古发掘舱"。例中国社会科学院考古研究所研究员赵志军坦言,这是我国首次采用"考古方舱"的形式开展工作,开创了田野考古发掘的一种新模式。（2021 年 4 月 8 日文旅中国 百家号）| 华东基地为两个木棺量身定制了一座 48 平方米的"考古方舱",通过恒温恒湿以及其他科技保护手段,为出土文物创造最佳保护环境。（2021 年 9 月 4 日《光明日报》）

【科技与狠活】　kējì yǔ hěnhuó　网络用语。指用食品添加剂"合成"出一些平常的事物。取自短视频博主"辛吉飞"在"合成"过程中的口头禅"那必是科技加狠活"。例视频博主辛吉飞以口头禅"科技与狠活"在短视频平台走红。（2022 年 10 月 14 日《南方日报》）| "科技与狠活"的诞生本是为了让食物变得更理想。（2022 年 10 月 26 日《中国青年报》）

【科技壮苗】　kējì zhuàngmiáo　指发挥国家现代农业产业技术体系、农技农机推广体系和农民教育培训体系合力,通过开展苗情调查、技术咨询、巡回服务等工作,促进弱苗转壮,支撑夏粮丰收的专项行动。由农村农业部于 2022 年 1 月启动。例全国农业科教云平台同步上线冬小麦"科技壮苗"专栏,发布技术指导措施和技术服务月历,播放专家授课视频,全天候在线解答麦农问题。（2022 年 3 月 18 日《人民日报》）| 当地气象部门重点关注晚播弱苗"促弱转壮",全方位开展"科技壮苗"——利用农业气象自动化观测数据、卫星遥感资料等,动态掌握小麦长势、土壤墒情。（2022 年 6 月 29 日《光明日报》）

知识窗

相关词语

【跨交会】 kuà jiāo huì　名词。"中国跨境电商交易会"的简称。例本次跨交会规模响应各界呼吁,多次扩容,最终面积7.2万平方米,其中约80%面积为供应商展区,约20%面积为平台和服务商展区。(2021年2月25日央广网 百家号)｜首届跨交会以"链接跨境全流域,共建电商新生态"为主题,展馆总面积达7.2万平方米,共设置跨境电商综合平台展区、跨境电商服务商展区、跨境电商供货商展区、跨境电商品牌宣传展区四大展区。(2021年3月22日《人民日报》)

【跨周期调节】 kuàzhōuqī tiáojié　指对逆周期调节的拓展、完善和升级。它有利于提高宏观政策的前瞻性、精准性、连续性、稳定性、可持续性和有效性。例构建差异化的政策性金融机构考核监管体系,探索为政策性金融机构进行合理注资及建立中长期资本补充的机制,增强其跨周期调节能力。(2021年1月9日《光明日报》)｜做好宏观政策跨周期调节,是更好解决国内市场主体突出困难的迫切需求。(2021年8月5日《人民日报》)

【昆仑2022】 Kūnlún 2022　公安部2022年的一个专项行动。针对食品安全、药品安全、生态环境安全、知识产权保护、野生动物保护五大方面,重拳打击涉食品、药品等和侵犯知识产权的违法犯罪行为。例今年以来,在重庆市公安局打假总队的指导下,九龙坡区警方持续推进"昆仑2022"专项行动,于近期侦破一起特大妨害药品管理案,查处"肾宝片"等含有西地那非成分生物制品2万余盒,涉案金额20余万元。(2022年6月21日《光明日报》)｜公安部"昆仑2022"

专项行动领导小组办公室日前决定,对天津武清孙某等人
生产、销售伪劣产品案等 39 起案件进行挂牌督办。(2022
年 9 月 21 日《法治日报》)

L

【拉干条】 lā gāntiáo　比喻说话、做事简捷明确,条理分明,
不拖泥带水。干条,指脱光了叶子的枝条。例各省区市结
合地方实际,通过"拉干条""列清单"等方式,有针对性地纠
治基层报表台账多、村(社区)挂牌多、疫情防控措施层层加
码、脱贫攻坚和乡村振兴中的形式主义等问题,让基层干部
群众真正有感。(2022 年 10 月 11 日《人民日报》)｜数据显
示,截至 2021 年年底,中央和国家机关、省区市文件数量比
2018 年总体减少 50％以上,会议数量减少 65％以上,"拉
干条"、讲实话成为常态,长会短开、长话短说成为主流。
(2022 年 12 月 9 日《人民日报》)

【来港易】 láigǎngyì　名词。指香港特区政府 2021 年 9 月
14 日公布的一项关于在内地居住的非香港居民入境香港的
防疫计划。例香港特区行政长官林郑月娥 12 日宣布,5 月
中旬开始,在"来港易"计划下,在内地居住的非香港居民抵
港均可豁免 14 天强制检疫。(2021 年 4 月 13 日《北京青年
报》)｜近期,香港特区政府公布实施"来港易"计划,对符合
条件的入境人员豁免强制隔离检疫。(2021 年 9 月 30 日

知识窗

相关词语

《南方日报》)

【**澜沧号**】 Láncāng Hào　名词。指中国制造并交付老挝运营的动车组。"澜沧"指澜沧江,流经中国和老挝,以此象征中老的友好合作,故称。例 10 月 16 日,"澜沧号"动车组抵达刚刚建成的中老铁路万象站,正式交付老中铁路有限公司。(2021 年 10 月 17 日《人民日报》)│"澜沧号"的命名源于老挝的古称澜沧王国和流经中老两国的澜沧江,寓意两国好邻居、好朋友、好同志、好伙伴关系。(2021 年 10 月 18日《新民晚报》)

【**澜湄快线**】 Lán-Méi Kuàixiàn　指从中国昆明开往老挝万象的国际货物列车快线。"澜""湄"分别指澜沧江、湄公河,代指中国和老挝,故称。例 1 月 10 日,采用时速 120 公里专用铁路货车编组的"澜湄快线"首趟列车满载云南鲜花、蔬菜等产品,从昆明王家营西站发出,预计 26 小时后就可抵达老挝万象。(2022 年 1 月 11 日《人民日报》)│"澜湄快线"国际货物列车是中老铁路固定循环的"客车化"货运产品,具有通关速度快、运行速度高、到货时间可控等特点,自开行以来,受到许多跨境运输企业的青睐和选择。(2022 年10 月 5 日《中国青年报》)

【**累丑**】 lèichǒu　形容词。疲劳憔悴而样子难看。例 对年轻人来说,体力被"吸干"可能很快就能恢复,而精神的"疲态"更应该引起重视,"累丑"可能意味着创造力的丧失。(2021 年 2 月 10 日《光明日报》)│但总有一些人,不愿被"身体被掏空"的颓丧与"累丑"的焦虑冷却生活的激情,他们用积极的生活态度去抵御命运的粗粝,坚决不向命运低头。

（2021 年 2 月 19 日《北京青年报》）

【冷作为】 lěngzuòwéi　名词。指政府部门服务态度冷漠、办事效率低、相互推诿责任的行为。例需要加大对不作为、慢作为、冷作为的基层领导干部的问责力度,疏通群众问题反映、处置渠道。(2021 年 3 月 17 日搜狐网)｜中央纪委网站:严查 12345 热线冷作为。(2021 年 12 月 14 日红星新闻　百家号)

【理论快递】 lǐlùn kuàidì　重庆市大渡口区在理论宣讲中推行的一种创新方式。组织全区 400 多名宣讲员,以尽可能快的速度、尽可能灵活的方式,将理论"快递"上门。例从去年"理论快递"启动以来,大渡口区已建立起党的创新理论、革命精神和红色故事、时事政策、法律法规等 7 类"理论快递"课题库。(2021 年 3 月 18 日央广网)｜"理论快递"是大渡口区在理论宣讲中推行的一种创新方式。(2021 年 3 月 18 日搜狐网)

【锂佩克】 Lǐpèikè　名词。锂输出国组织,由阿根廷、玻利维亚、智利发起。仿"欧佩克"造词。例南美的"锂佩克"之梦折射出对定价权、产业附加值、产业链升级等方面的发展诉求。(2022 年 10 月 28 日《环球时报》)｜合计拥有全球过半锂资源的阿根廷、玻利维亚和智利正在草拟一份文件,以推动建立一个"锂佩克",即锂矿行业的"石油输出国组织(欧佩克)",从而在锂价值波动的情况下达成"价格协议"。(2022 年 11 月 1 日《中国青年报》)

【恋爱脑】 liàn'àinǎo　名词。网络用语。指唯爱情至上的思维模式。例生活中也有"恋爱脑"的人,无时无刻不想缠

着男友,一分开就打电话,发微信要求男朋友秒回,加班是不可能的,因为要回家给男朋友做饭,即便分手了,也会继续追赶和纠缠……(2021年9月3日《中国青年报》)|但在电影里,马思纯版的葛薇龙真的就是一个恋爱脑的女孩,因为爱而放下自尊,靠与达官贵人的周旋与伴游,付出身体,来供养吃软饭的丈夫。(2021年10月29日《北京青年报》)

【两廊两点】　liǎngláng liǎngdiǎn　指粤港澳大湾区国际科技创新中心的架构体系。"两廊"指广深港、广珠澳科技创新走廊;"两点"指深圳河套、珠海横琴。例加强粤港澳产学研协同发展,完善广深港、广珠澳科技创新走廊和深港河套、粤澳横琴科技创新极点"两廊两点"架构体系,推进综合性国家科学中心建设,便利创新要素跨境流动。(2021年3月13日《人民日报》)|4年间,广深港、广珠澳科技创新走廊和深港河套、粤澳横琴科技创新极点"两廊两点"体系逐步搭建,大湾区综合性国家科学中心先行启动区启动建设。(2021年10月22日《经济日报》)

【两米线】　liǎngmǐxiàn　名词。新冠防疫期间,为群众打疫苗或测核酸的安全而在地面上张贴或画出的间隔两米的横线。是根据实现物理阻断、规避飞沫传播的安全距离为两者设置的。仿"一米线"造词。例早晨4时起床,5时到达社区采样点,与其他工作人员配合布置采集台、张贴两米线标志、分配防护物资。(2022年4月27日《北京晚报》)|广大北京市民积极响应居家办公号召,就地有序参加核酸检测,规范戴口罩、保持两米线间隔。(2022年5月14日《人民日报》)

【临终决定权】　línzhōng juédìngquán　个人生前自主决定自己临终医疗措施的权利。例以法规的形式确定"临终决定权",体现的是对生命个体的一种尊重。(2022 年 7 月 5 日《光明日报》)｜该规定在临终决定权上做出大胆突破,将生前预嘱纳入法律体系,具有积极的探索示范意义。(2022 年 8 月 25 日《北京青年报》)

【零次分配】　língcì fēnpèi　指在进入生产之前各要素在不同群体之间的分配。例在"零次分配"方面,特别要强调机会的均等,有了机会的均等就可以有更好的效率。在物质资本方面,零次分配要体现在市场上获得资金的机会。(2021 年 12 月 4 日搜狐网)｜12 月 4 日,在以"大变局中的创新突破"为主题的中国发展高层论坛青年企业家峰会上,清华大学经济管理学院院长白重恩提出,引入"零次分配"概念,可以更好地分析不同的分配环节中公平与效率平衡的体现。(2021 年 12 月 4 日澎湃新闻 百家号)

【零碳】　língtàn　名词。指通过节能减排而达到的碳的净零排放。例反过来,碳达峰与碳中和又为改革发展设定了目标和约束,将倒逼新时代中国经济高质量发展,加速从高碳到低碳再到零碳的模式转变。(2021 年 3 月 29 日《中国青年报》)｜"零碳"社会是"碳中和"战略的最终成果。(2021 年 8 月 24 日《新华日报》)

【零碳金融】　língtàn jīnróng　指支持碳中和战略的金融市场体系。例我们根据地方产业发展需求,牵头印发了《关于支持南澳县零碳金融发展的指导意见》。(2022 年 1 月 11 日《南方日报》)｜零碳金融所推动的转型金融、元宇宙为我

知识窗

相关词语

们带来的多层次技术手段和最强工具、后增长时代所倡导的平衡模式,都与碳中和密切相关。(2022 年 3 月 1 日新浪网)

【*零元购】　língyuángòu　名词。原是一种促销手段,即以零元价格就可购买到某件商品。现指抢劫商店的行为。例美国的零元购,就简单多了,就是放任黑命贵对不确定的商业中心、超市进行公开的洗劫。(2021 年 12 月 6 日新浪网)|黑人盗窃集团的"零元购"运动正在从百货公司和奢侈品专卖店,向美国人的社区住宅扩散。(2021 年 12 月 17 日腾讯网)

【刘畊宏男孩】　Liú Gēnghóng nánhái　指跟随刘畊宏健身直播进行运动健身的男性群体。例很多跟着刘畊宏健身的网友都自称"刘畊宏女孩""刘畊宏男孩",经常呼唤刘教练"在线批改作业",刘畊宏健身直播也成了眼下超热话题。(2022 年 4 月 27 日《北京晚报》)|4 月上旬开始,健身直播、跳毽子操似乎成了人们绕不开的话题,众多"刘畊宏男孩""刘畊宏女孩"准时准点在云端"打卡"。(2022 年 5 月 10 日《中国青年报》)

【刘畊宏女孩】　Liú Gēnghóng nǚhái　指跟随刘畊宏健身直播进行运动健身的女性群体。例凭借着魔性的声音配上《本草纲目》为背景音乐,刘畊宏几乎取代健身"AI 人"帕梅拉,跟着他跳操的女孩也被称为"刘畊宏女孩"。(2022 年 4 月 21 日《证券时报》)|楼下的空地上,"刘畊宏女孩"站成两排,对着手机跳操,旁边还有跳绳的、打羽毛球的。(2022 年 5 月 25 日《中国青年报》)

 萌女孩 饭圈女孩 萌系女孩 完美女孩 物质女孩 阿尔法女孩 办公室女孩 蛋白质女孩

【留岗红包】 liúgǎng hóngbāo　新冠疫情防控期间,为鼓励外地员工春节期间就地过年,由政府倡导企业发放的津贴补助。例鼓励企业发放"留岗红包""过年礼包",引导企业合理安排生产、错峰放假调休,以岗留工、以薪留工。(2021年1月22日《新京报》)｜动员市青企协会员单位带头当好广大留"湖"过年企业员工的"大家长",通过"留岗红包""过年大礼包"等留工优工稳岗稳员。(2021年1月29日《中国青年报》)

【留工稳岗】 liúgōng wěngǎng　同"稳岗留工"。例绍兴市28家人力资源服务机构积极响应政府号召,表示要公益提供相关人力资源服务,全力支持工业企业留工稳岗工作,让外地员工在绍兴安心过年、温暖过年。(2021年1月27日《光明日报》)｜不少地方针对春节期间留工稳岗促生产制订了一揽子计划,上海、江苏、浙江等地为就地过年务工人员发放稳岗补贴、租房补贴、困难补助。(2021年2月5日《南方日报》)

【流量乞丐】 liúliàng qǐgài　对以低劣、恶俗内容赚取流量、获得收益的网络主播的戏称。例记者调查发现,网络直播平台上部分主播以低俗、恶俗直播内容博眼球,沦为"流量乞丐"。(2022年3月29日《北京青年报》)｜要建立跨部门、多领域、常态化的监管机制,共同抵御"流量乞丐"对网络空间和文化的侵蚀。(2022年3月31日《工人日报》)

 流量担当 流量花生 流量密码 流量明星 流量钱包 流量思维 流

量小花　流量小生　流量演员　流量艺人　流量银行

【落地检】 luòdìjiǎn　名词。指疫情防控期间,为跨省流动人员到达当地后立即提供的一次核酸检测服务。例 近期,全国多地在落地检工作中发现核酸阳性人员,涉及公路、铁路、民航等多种交通方式,落地检正在发挥防疫关口前移的作用。(2022 年 9 月 27 日《北京晚报》)| 国庆假期,全国各地推行"落地检",按照"自愿、免费、即采即走、不限制流动"原则,为跨省份流动人员到达当地后提供一次核酸检测服务。(2022 年 10 月 8 日《人民日报》)

【滤镜景点】 lǜjìng jǐngdiǎn　指利用拍摄、修图技术过度美化而名不副实的景点。例 近日,不少网友吐槽小红书平台的"滤镜景点"太过夸张,实地探访后产生较大落差。(2021 年 10 月 19 日《北京晚报》)| 人们声讨"滤镜景点",最直接的原因是对比网上的"美景",跑到现场看到的却是各种名不副实场景。(2021 年 10 月 20 日《北京青年报》)

M

【卖惨带货】 màicǎn dàihuò　通过卖惨来博取观众的注意和同情,借机兜售商品。例 充满套路的"卖惨带货",不仅涉嫌虚假宣传,伤害了公众的感情,挑战了商业伦理底线,更是一种对消费者的欺诈,不利于诚信社会建设。(2021 年 4 月 1 日《经济日报》)| 让"卖惨带货、演戏炒作"者为自己的违

法违规行为付出代价,才能让网络空间更清朗更健康。
(2021 年 4 月 29 日《新民晚报》)

【盲盒岗位】　mánghé gǎngwèi　应聘者通过类似抽盲盒的方式来获取的岗位。是某些企业为吸引求职者投递简历,在招聘页面推出的岗位类型。例深圳一家公司最近在招聘网站上贴出一个名为"盲盒岗位"的招聘岗位信息,引发热议。(2022 年 3 月 3 日《新华日报》)｜记者发现,如今在招聘网站上,有一些公司推出了"盲盒岗位",声称可以帮助不知道自己适合什么岗位的求职者,还提供"复活"机会。(2022 年 3 月 7 日《北京晚报》)

【茅股】　máo gǔ　名词。指股市各个行业中龙头公司的股票。因在白酒行业中,贵州茅台的股值最高,故称。例以各类"茅股"为代表的结构性行情导致市场分化明显,在"茅股"估值不断高启的同时,不少个股的估值仍然在历史低位。(2021 年 3 月 5 日每日经济新闻 百家号)｜据《红周刊》记者统计,在行业成熟的"茅股"中,美的集团、格力电器、海尔智家、三一重工今年以来的平均跌幅更甚"茅五泸"。(2021 年 8 月 2 日《证券市场红周刊》)

【帽子热】　màozirè　名词。指科技领域一时风行的唯称号、唯名头的不良倾向。例"帽子热",一个"谁评了算"的问题。(2021 年 10 月 1 日《人民日报》)｜完善科技评价机制,加快建立以创新价值、能力、贡献为导向的人才评价体系,改革科技奖励制度,精简数量、提高质量,继续为"帽子热"降温,让原创水平高、应用价值大的成果获得应有激励。(2021 年 11 月 4 日《光明日报》)

知识窗

相关词语

【煤提质工】 méi tí zhì gōng　指以煤为原料,通过操作干燥窑、热解窑、提质煤冷却器、急冷塔等设备,提高煤品质的生产人员。人力资源和社会保障部于 2022 年 6 月底在其官网公示的新职业之一。例能源与经济结构悄然改变的同时,“碳汇计量评估师”“综合能源服务员”“建筑节能减排咨询师”“煤提质工”等新职业应运而生。(2022 年 6 月 15 日《新华日报》)|有的绿色职业脱胎于传统产业,例如占据主体能源地位的煤炭资源,其清洁化、大型化、规模化、集约化利用和由单一燃料属性向燃料、原料方向转变的产业发展新趋势,使煤提质工这一新职业从传统产业中诞生。(2022 年 12 月 1 日《人民日报》)

【美丽贷】 měi lì dài　名词。指黑恶团伙利用女性爱美心理设置的欺诈性贷款项目。诱使女性为整容签下利息很高的贷款合同,日后陷入无力偿还的陷阱。例剧中,医美中心提供给顾客的“美丽贷”,除了表面上具有高利率的特征之外,实际上是不法分子以借贷名义行非法占有之目的,已经构成了“套路贷”。(2021 年 9 月 15 日《北京青年报》)|近期热播的电视剧《扫黑风暴》中,医美机构与不法贷款公司联手炮制的套路产业链,让观众见识了“美丽贷”骗局。(2021 年 9 月 22 日《中国青年报》)

相关词语见“AB 套路贷”。

【门磁】 méncí　名词。一种通过磁力控制开关的安全报警装置,由无线发射器和永磁体两部分组成,用来探测门窗等是否未经允许而打开或移动。分为无线门磁、无线卷闸门磁、有线门磁三种。也称“门窗传感器”。例启动“三人小组"(社区工作人员、社区卫生中心医护人员、社区民警)同步接收门磁预警制度,一旦出现门磁报警等情况,公安干警、社区工作人员等将会第一时间上门核查、排除隐患。(2021年1月23日《光明日报》)｜社区解封后,还要对需居家观察人员进行管理,上门磁,督促进行核酸检测,确保不漏一人。(2021年8月12日《北京晚报》)

【门铃码】 ménlíngmǎ 名词。指为一定场所生成的专有二维码。可以对出入该场所的人员进行信息自动登记,同时核验出入该场所人员的健康信息,具有类似门铃的作用。2023年3月2日下线。例居民志愿者陈舒穿着雨衣,举起手中印有门铃码的牌子,指挥现场秩序。(2022年7月12日《新华日报》)｜在低风险区域,商场、超市扫门铃码即可进入,饭店、餐馆虽不能堂食,但可以点外卖。(2022年7月22日《新华日报》)

 相关词语见"保码"。

【獴猎】 měngliè 名词。指公安部部署开展的严厉打击妨害国(边)境管理犯罪的专项行动,包括组织、运送、利用伪造证件蒙混出入境等偷渡违法犯罪活动,以及组织、诱骗、招募中外人员非法出入境活动。因偷渡者多被叫作"人蛇",组织者多被叫作"蛇头",而獴科动物敏捷灵活,敢于和毒蛇斗争,且对蛇毒有一定的免疫力,故称。例今年以来,国家移民管理机构重拳整治跨境违法犯罪,接续开展严厉打击妨害国(边)境管理犯罪"獴猎"行动。(2022年4月28日《人民日报》)｜据介绍,今年3月,公安部召开严厉打击妨害国(边)境管理犯罪"獴猎"行动。(2022年4月28日《人民日报》)

知识窗

相关词语

【**免隔离旅行**】 miǎngélí lǚxíng　指新冠疫情期间不需要采取隔离措施即可实现的外出旅行。例过去 12 个月新西兰成功地确保疫情受到有效遏制,现在终于可以恢复跨塔斯曼海峡的旅游。不过,在过去 14 天新冠病毒检测结果为阳性的人以及尚在等待新冠检测结果的人不能免隔离旅行。(2021 年 4 月 7 日《新民晚报》)｜东盟各国决定积极考虑采用并互认电子版疫苗接种证明,以尽快实现东盟内部免隔离旅行,恢复并加强互联互通。(2021年11月3日《人民日报》)

【**免疫鸿沟**】 miǎnyì hónggōu　指新冠疫情防控期间,由于疫苗短缺和分配不均造成的世界各国之间防疫措施的巨大差距。例我们反对搞"疫苗民族主义",不接受制造"免疫鸿沟",更抵制任何把疫苗合作政治化的企图。(2021 年 3 月 8 日《人民日报》)｜向来以"人权灯塔"自居的美国大量囤积疫苗、限制原料出口,人为加剧"免疫鸿沟",更是令国际社会失望至极。(2021 年 8 月 11 日《人民日报》)

【**免疫屏障**】 miǎnyì píngzhàng　指防御异物进入机体或机体某一部位的生理解剖学结构,是发挥非特异性免疫功能的重要方面。例我国计划通过疫苗接种建立全人群免疫屏障,在已开展和正在开展的高风险人群和重点人群接种的基础上,将逐步有序推进老年人、有基础疾病的高危人群接种,后续再开展普通人群接种。(2021 年 1 月 1 日《中国青年报》)｜北京市将打造一支疫苗接种和重大活动的保障队,全市疾控、社区卫生等机构将全力保障新冠疫苗的及时配送,提供规范接种服务,努力建立有效免疫屏障。(2021 年 3 月 19 日《中国青年报》)

【缪毒株】 miùdúzhū　名词。一种新冠病毒变异株。"缪"是希腊字母μ的音译。[例] 除了四处肆虐的德尔塔毒株,缪毒株也在美国蔓延。(2021年9月9日《北京青年报》)｜缪毒株最早在哥伦比亚发现,8月30日被世界卫生组织列为"需要留意"的变异株,级别低于德尔塔毒株所属"需要关注"的变异株。(2021年9月9日《新民晚报》)

N

【奶酪体】 nǎilàotǐ　名词。一种汉字硬笔手写字体。字迹清新、工整,且部分笔画有简化变形,如"口"字简化成"1＋7""女"的第一笔变成"レ"等。因写出来的字就像是刻在奶酪上一样,故称。也称"奶酪陷阱体"。[例] 在抖音、知乎等平台的相关网帖下,不少人关心的问题是:中考或高考写"奶酪体"会不会扣分。这一点众说纷纭,有人说自己考试时写"奶酪体"被扣分了,有人则说自己写的"奶酪体"得到了老师表扬。(2021年4月2日《中国青年报》)｜近年来,以水彩绘画、手写记录等为主要形式的手账成为越来越多年轻人记录生活、彰显个性的生活方式,而盐系字体、奶酪体等手写字体则成为手账的"标配"。(2022年4月14日《新华日报》)

【凝聚态电池】 níngjùtài diànchí　一种新型电池。主要材料包括正极材料、负极材料、电解质和隔膜等。其核心是能够实现超流态,超导态,电池更加稳定,容量更大,传导效率

知识窗

相关词语

更高。例宁德时代董事长曾毓群今日在重庆车展上透露，除全固态电池、半固态电池，包括大家没有听过的凝聚态电池，宁德时代都在搞。(2022 年 6 月 25 日新浪网)｜宁德时代首席科学家吴凯在会议期间透露，宁德时代计划在 2023 年推出新一代电池电芯：凝聚态电池。(2022 年 8 月 30 日《经济日报》)

P

【陪诊师】　péizhěnshī　名词。陪同就诊人员去医院进行病情诊断或治疗的专业人员。工作内容是为就诊人员提供排队挂号、陪诊就医、代办、问诊、送/取报告、代办/买药、预约检查、上门接送等服务。又称"陪诊员"。例 为防止"职业陪诊师"坑害患者，引发医患新纠纷，医院应对陪诊师实施必要监管。(2021 年 8 月 13 日《北京青年报》)｜前段时间，一条关于"职业陪诊师"的视频走红网络，"陪诊师"职业逐渐走进大众视野。(2021 年 8 月 31 日《人民日报》)

【陪诊员】　péizhěnyuán　名词。同"陪诊师"。例"陪诊员"，顾名思义就是陪同就诊人员去医院进行病情诊断或治疗，帮忙排队、挂号、缴费、取检验报告等，在一定程度上，可以为有需求的患者解决不少难题。(2021 年 10 月 14

日《人民日报》）｜陪诊员的入职标准如何设定,职业培训由
谁负责、竞争机制怎么建立等,决定着陪诊员队伍的整体素
质,对行业发展也将产生重要影响。(2022 年 4 月 1 日《中
国青年报》)

【平替】　píngtì　名词。"平价替代品"的简称。例在冬奥会
的带动下,滑雪运动受到很多年轻人的喜爱,陆地冲浪也因
其相对较低的入门门槛顺理成章地成了"平替"运动。
(2022 年 8 月 9 日《中国青年报》)｜电子烟诞生初期,一度
成为传统香烟的"健康"平替,这也给不少人埋下了错误认
知。(2022 年 11 月 21 日《北京青年报》)

【破防】　pòfáng　动词。突破防线,现也指突破心理防线。
例 7 月 1 日晚,庆祝建党百年文艺演出《伟大征程》在电视
上播出时,一幕幕感人画面更是让网友频频"破防"。(2021
年 7 月 4 日《北京晚报》)｜赛场上,一幕幕动人瞬间让观众
"破防";赛场外,更多精彩动人的画面令人动容。(2021 年 9
月 8 日《中国青年报》)

【普信男】　pǔxìnnán　名词。网络用语。指普通却自信的男
性。源自《脱口秀大会》第三季中的段子"他那么普通,却那
么自信"。例结合来看,"普信男"之所以成为负面词汇的关
键一目了然:这里的"自信",并不是针对自我,而是指向他人
的,是指对女性缺乏尊重,甚至随意冒犯。(2021 年 4 月 26
日腾讯网)｜与"普信男"对应的是"成功男性",是那些站在
利益与资源顶端的男性,人们嘲讽"普信男",一部分是真的
出于一种慕强心态,瞧不起不够强、不够有资源及权力的男
性群体。(2021 年 4 月 26 日腾讯网)

知识窗

相关词语

Q

【七一勋章】 Qīyī Xūnzhāng　由中共中央颁发给杰出党员的勋章。是党内最高荣誉的标志。勋章的章体采用党徽、五角星、旗帜、丰碑与光芒、向日葵、大山大河、如意祥云等元素,寓意在党的阳光沐浴下,勋章获得者一心向党,全心全意为人民服务,不忘初心、牢记使命、砥砺前行。例经中共中央批准,"七一勋章"颁授仪式将于6月29日上午10时在人民大会堂隆重举行。(2021年3月24日《中国青年报》)|在建党百年之际,这位一生为党和人民事业而战斗的老军人获得"七一勋章"。(2021年10月5日《人民日报》)

【企业合规师】 qǐyè héguīshī　指从事企业合规建设、管理和监督工作,使企业及企业成员行为符合法律法规、监管要求、行业规定和道德规范的专业人员。例现代服务业快速发展,催生了企业合规师、公司金融顾问等新岗位。(2021年4月28日《人民日报》)|今年3月,人社部等3部门联合发布了集成电路工程技术人员、企业合规师、调饮师等18个新职业。(2021年7月23日《人民日报》)

【启明星一号】 Qǐmíngxīng Yīhào　我国第一颗可见光高光谱和夜光多光谱多模式在轨可编程微纳卫星。因其是以在校学生为主体研发的,寓意年轻一代如同东方的启明星,把祖国的航天事业进一步发扬光大,故称。例从功用看,"启明星一号"是我国首颗可见光高光谱和夜光多光谱多模式在轨可编程卫星,在服务一方经济发展、服务广大师生科研、监测水体环境等方面具有重要作用。(2022 年 3 月 2 日《南方日报》)｜"启明星一号"能"看清"水体的主要污染物,为水体环境监测提供预警。采集的夜光遥感影像是彩色的,能更好地用于分析城市灯光与经济发展间的关系。(2022 年 3 月 21 日《新京报》)

【掐尖并购】　qiāojiān bìnggòu　一种针对初创平台和新兴行业的并购,类似于掐去花木的芽尖,故称。也称"掐尖式并购"。2021 年 4 月 13 日,市场监管总局会同中央网信办、税务总局召开互联网平台企业行政指导会,指出"掐尖并购"等问题必须严肃整治。例强迫实施"二选一"、滥用市场支配地位、实施"掐尖并购"、烧钱抢占"社区团购"市场、实施"大数据杀熟"、漠视假冒伪劣、信息泄露以及实施涉税违法行为等问题必须严肃整治。(2021 年 4 月 14 日《人民日报》)｜在"4·13"行政指导会上,"掐尖并购"也被列为必须严肃整治的问题。(2021 年 5 月 17 日新浪网)

【巧克力换电块】　qiǎokèlì huàndiàn kuài　一种电动汽车换电电池。因其将原来的一整个电池包变成几个共同承担供电的模块,几个模块的外形看起来像是一块巧克力,故称。例宁德时代新发布的巧克力换电块可以自由组合,单块续航约 200 公里。(2022 年 1 月 19 日腾讯网)｜明年会有搭载巧克力换电块的 C 端车型上市。(2022 年 8 月 4 日《中国青年报》)

【亲子方舱】　qīnzǐ fāngcāng　一种允许监护人与婴幼儿同

知识窗

相关词语

时隔离的方舱。也称"亲子舱"。例部分奶粉送到了上海儿童医学中心,用于保障在"亲子方舱"中治疗的婴幼儿的需求。(2022年4月10日观察者网　百家号)｜考虑到亲子方舱内学龄儿童接近半数,方舱开放了无线网络,医疗队专门开辟了自习空间。(2022年6月21日《中国青年报》)

【秋风2021】　Qiūfēng 2021　由我国"扫黄打非"办公室安排部署,以严厉打击假媒体、假记者站、假记者,维护新闻出版传播秩序为重点的专项行动。例当前全国范围正开展"秋风2021"专项行动。严厉打击自媒体从事虚假新闻、扰乱网络传播秩序等活动,保持打击"网络水军""黑公关"的高压态势,清理关闭一批违法违规自媒体账号是该行动重要内容。(2021年7月23日人民网)｜今年以来,针对社会各界反映强烈的假媒体、假记者站、假记者(简称"三假")侵害群众利益、干扰基层社会秩序的问题,各地各部门大力开展"秋风2021"专项行动,持续深入打击新闻敲诈和假新闻,及时查办一批"三假"案件,维护了新闻出版传播秩序。(2021年12月8日《人民日报》)

【全程接种】　quánchéng jiēzhòng　指按照免疫程序防护的全部流程进行接种。又称"全程免疫"。例灭活新冠病毒疫苗推荐的免疫程序是全程接种2剂。(2021年8月14日《南方日报》)｜全程接种疫苗后,人体的免疫系统会记住病毒这个敌人,一旦真的感染病毒,即使中和抗体的水平较原来已经明显下降了,人体也可以在短时间内产生大量的抗体,将病毒迅速清除,从而降低再传染给其他人的风险,而且还能有效地防止病情往重症或者危重症变化。(2021年9

月 8 日《中国青年报》)

【全程免疫】 quánchéng miǎnyì　同"全程接种"。例只要完成了全程免疫——接种两针疫苗 14 天之后,相较于不打疫苗或没有完成全程免疫的人群来讲,感染大幅度降低。(2021 年 9 月 11 日《北京晚报》)｜目前专家给出的建议是,全程免疫后至少 6 个月以上开展加强针接种。(2021 年 9 月 30 日《北京晚报》)

【全国统一大市场】 quánguó tǒngyī dàshìchǎng　指在全国范围内建立的制度、商品、服务、监管等高度统一的超大规模市场。2022 年 4 月 10 日,《中共中央 国务院关于加快建设全国统一大市场的意见》发布。例进入新发展阶段、贯彻新发展理念、构建新发展格局,形成全国统一大市场和畅通的国内大循环,促进南北方协调发展,需要水资源的有力支撑。(2022 年 1 月 29 日《人民日报》)｜在建设全国统一大市场过程中要处理好全局系统谋划与优先推进区域协作之间的关系。(2022 年 9 月 1 日《人民日报》)

【全过程人民民主】 quánguòchéng rénmín mínzhǔ　指贯穿于选举、协商、决策、管理、监督全过程的人民民主。例全过程人民民主保证了过程民主和结果民主、形式民主和实质民主、直接民主和间接民主相统一。(2021 年 7 月 8 日《人民日报》)｜全过程人民民主体现在民主选举、民主协商、民主决策、民主管理、民主监督等国家治理各个环节。(2021 年 10 月 13 日《中国青年报》)

【全球安全倡议】 quánqiú ānquán chàngyì　中国为应对国际安全挑战提出的中国方案。习近平主席于 2022 年 4

月 21 日在博鳌亚洲论坛年会开幕式上首次提出。它以共同、综合、合作、可持续的安全观为理念指引,以相互尊重为基本遵循,以安全不可分割为重要原则,以构建安全共同体为长远目标,是一条对话而不对抗、结伴而不结盟、共赢而非零和的新型安全之路。例中方愿提出全球安全倡议:坚持共同、综合、合作、可持续的安全观。(2022 年 4 月 22 日《中国青年报》)│从在博鳌亚洲论坛 2022 年年会开幕式上首次提出全球安全倡议,到多措并举落实全球发展倡议,再到推动高质量共建"一带一路"取得新进展⋯⋯中国元首外交高潮迭起、纲举目张。(2022 年 12 月 31 日《经济日报》)

【全人类共同价值】　quánrénlèi gòngtóng jiàzhí　指由中国共产党提出和倡导的,旨在超越地域、民族、肤色等差别,以人类共同利益为交汇点,凝聚不同文明的价值共识。包括和平、发展、公平、正义、民主、自由。例中国将与国际社会一道,弘扬全人类共同价值,践行真正的多边主义,坚持平等互信、包容互鉴、合作共赢、共同发展的理念,推动全球人权治理朝着更加公平公正合理包容的方向发展,共同促进国际人权事业发展进步。(2022 年 5 月 29 日《人民日报》)│"全人类共同价值"是中国共产党立足于"两个大局"而提出的凝聚了人类不同文明的价值共识,是在国际视野中对"人类社会实现什么样的发展、如何发展"的重大课题做出的历史性回答。(2022 年 11 月 29 日《中国青年报》)

【全域静态管理】　quányù jìngtài guǎnlǐ　新冠疫情防控期间,在某一范围内实行的全区域静态管理。例根据严峻复杂的疫情形势,上海随后开启了全域静态管理模式。(2022

年 5 月 24 日《人民日报》）｜交通运输部指导实施全域静态
管理的城市落实"一不得、四立即"的保障措施,即不得"一刀
切"限制货车通行,立即实施重点物资通行证制度、立即执行
"点对点"运输闭环管理措施、立即启动应急物资中转调运
站、立即公布 24 小时应急运输保障电话,切实保障重点物
资运输车辆通行顺畅。(2022 年 9 月 30 日《南方日报》)

【全员核酸】 quányuán hésuān 指新冠疫情防控期间,对
某一区域内的全体人员进行核酸检测。例省卫健委今天紧
急从外地抽调 1000 名医务人员协助进行核酸检测工作,今
天下午已经到位,明天还将有 2000 名医务人员前来支援,确
保完成全员核酸检测工作。(2021年1月7日《中国青年报》)｜
全市第三轮全员核酸检测基本结束,累计检测 1195.17 万
人,尚未检出异常结果。(2021 年 8 月 12 日《北京晚报》)

【缺芯】 quē xīn 动词。缺少芯片。例进入下半年,汽车行
业"缺芯"情况似乎仍在持续,芯片价格依旧暴涨。(2021 年
8 月 12 日《中国青年报》)｜缺芯问题会直接影响汽车产能,
反映到销售终端就会表现为"没有现车""提车周期长"等情
况。(2021 年 9 月 2 日《中国青年报》)

R

【人间清醒】 rénjiān qīngxǐng 网络用语。指面对纷繁的
世界始终保持清醒、理性的生活态度。例全爸爸的这些话

朴实、坚定、三观正。在高热的舆论关注和拥挤的围观面前,难怪网友夸全红婵父亲"人间清醒"。(2021 年 8 月 10 日《新京报》)｜专业过硬、永葆初心,有理有节地引导自己的球迷理智追星,难怪被新华社发文赞誉为"人间清醒",更被网友评价为"正确引导粉丝的满分答卷"。(2021 年 10 月 21 日《南方日报》)

【韧性城市】　rènxìng chéngshì　指能够抵御自然灾害,降低灾害损失,从灾害中快速恢复的城市。因其具有顽强持久的韧性,故称。例韧性城市具有城市系统的多元性、城市组织的适应性和灵活性、城市系统的储备能力等方面的基本特征。(2021 年 7 月 19 日《光明日报》)｜所谓"韧性城市",是指其规划、设计、建造和运营方式可以适应变化无常的气候,能经受极端天气造成的破坏或从中迅速恢复。(2021 年 8 月 12 日《中国青年报》)

【*润】　rùn　动词。网络用语。指跑路、溜了。英文"run"(跑)的谐音。例一开始大家都在卷,后来卷不动了干脆躺平,再后来躺平也不行了,就只能"润"了。(2022 年 5 月 12 日腾讯网)｜2006 年他开了一家游戏公司,2013 年润到澳洲。(2022 年 7 月 26 日钛媒体 APP　百家号)

S

【45 度人生】　45 dù rénshēng　网络用语。指既没有奋发向

上也没有放弃躺平,处于中间状态的人生。也写作"45°人生"。⟦例⟧面对人或者事,我们都会选择权衡利弊。处于 45度人生当中,学会辨别选取能够保护自身的一面,很重要。(2022 年 5 月 27 日中青在线)｜4 位 95 后年轻人在卷和躺、顺从和反抗、主流和边缘之间反复横跳后,不约而同地开启了另一种可能:45 度人生。(2022 年 6 月 22 日新华社新媒体　百家号)

【三孩】　sānhái　名词。指三个孩子,也指"三孩生育政策""三孩政策"的简称。⟦例⟧针对中国当前的社会现状,人口生育政策从单独二孩到全面二孩,再到三孩的连续调整,无疑是对于人口发展现实的直接回应,也为"十四五"规划纲要提出的"增强生育政策包容性",提供了一个有针对性的注脚。(2021 年 6 月 2 日《中国青年报》)｜配套支持政策的落地是一个长期过程,三孩妈妈想兼顾家庭和工作,需要自己先做好各方面准备。(2021 年 6 月 11 日《中国青年报》)

【三孩生育政策】　sānhái shēngyù zhèngcè　同"三孩政策"。⟦例⟧会议强调,各级党委和政府要加强统筹规划、政策协调和工作落实,依法组织实施三孩生育政策,促进生育政策和相关经济社会政策配套衔接,健全重大经济社会政策人口影响评估机制。(2021 年 6 月 1 日《中国青年报》)｜随着人口老龄化进程加速及三孩生育政策实施,家政服务市场需求仍有巨大空间。(2021 年 10 月 10 日《北京青年报》)

【三孩政策】　sānhái zhèngcè　指中国积极应对人口老龄化而实行的一对夫妻可以生育三个子女的政策,包括将 3 岁以下婴幼儿照护费用纳入个人所得税专项附加扣除,发展普

知识窗

相关词语

惠托育服务,减轻家庭养育负担的配套支持措施。也称"三孩生育政策"。▢例三孩政策对提高生育率肯定有作用,但是作用有多大,"还很难判断",关键在于配套支持措施的落地情况。(2021 年 6 月 3 日《中国青年报》)｜优化生育政策、实施三孩政策有助于进一步释放生育潜力,减缓人口老龄化,增加劳动力供给,加强家庭内部支持功能,促进人口长期均衡发展。(2021 年 6 月 22 日《人民日报》)

📖 2021 年 8 月 20 日全国人大常委会会议表决通过了关于修改人口与计划生育法的决定。修改后的人口计生法规定,国家提倡适龄婚育、优生优育,一对夫妻可以生育三个子女。国家在财政、税收、保险、教育、住房、就业等方面采取支持措施,减轻家庭生育、养育、教育负担。

【三码联查】　sānmǎ liánchá　指新冠疫情防控期间,根据需要对健康码、行程码和新冠病毒疫苗接种记录进行联合检查。▢例阳平县平安志愿者协会组织志愿者到城中村(元村)、十四区新城市场、县城八区街心公园的流动疫苗接种点、明珠新城以及协助县直有关单位开展三码联查(健康码、行程码和疫苗接种情况)并做好信息登记,向接种对象宣传疫苗接种注意事项,督促未接种人员尽快接种新冠疫苗。(2021 年 8 月 13 日《南方日报》)｜特殊情况确需进出的,必须严格落实测温、"三码联查"、戴口罩等措施,人员、车辆逐人逐车核查,登记行程去向。(2021 年 9 月 16 日《新京报》)

👓 相关词语见"保码"。

【三密¹】　sānmì　名词。"三级密切接触者"的简称。新冠疫情防控期间,指二级密切接触者的密切接触人员。▢例截至 1

月 17 日 24 时,新民市现有一密 5 人、二密 13 人、三密 93 人,集中隔离 100 人,居家隔离 159 人,7 天健康监测 111 人。(2021 年 1 月 18 日沈阳发布 百家号)｜累计排查出我市确诊病例的各类密切接触者 2085 人,其中一密 196 人、二密 766 人、三密 1123 人。(2021 年 5 月 19 日《人民日报》)

【三密²】 sānmì　名词。"密集、密闭、密切"的合称。新冠疫情防控期间,指人员密切聚集、通风不良的密闭空间、与人近距离密切接触的三类可能增加新冠病毒感染风险的场所。例日本政府根据有关防疫规定,仍要求餐饮店继续缩短营业时间,要求民众减少不必要的外出活动,并呼吁民众继续做好个人防护、戴好口罩勤消毒,避免前往"三密"地区。(2021 年 3 月 22 日人民网)｜虽说是变异病毒,但基本的防控措施是一样的。即戴口罩、勤洗手、避免"三密"(密集、密闭、密切接触)。(2021 年 4 月 10 日人民网)

【三天两检】 sāntiān liǎngjiǎn　新冠疫情防控期间,指在三天(72 小时)内进行两次核酸检测,且两次核酸检测间隔大于 24 小时。例如果在和确诊病例与无症状感染者可能存在接触的风险时段之后,已经完成了"三天两检"即做了 2 次核酸检测,2 次检测时间间隔大于 72 小时,且结果均为阴性,系统自动转为绿码。(2021 年 6 月 4 日《新京报》)｜据悉,市民如被赋予"黄码"须到珠海二级以上医疗机构接受核酸检测,按要求完成"三天两检",且两次检测时间间隔大于 24 小时,检测结果均为阴性才可转为"绿码"。(2021 年 7 月 29 日《南方日报》)

【扫录】 sǎolù　动词。扫描并录入(相关信息)。例逐辆车扫录苏康码、行程码,对参与执勤的民警辅警是一种考验。(2022 年 3 月 20 日《新华日报》)｜秦皇岛市海港区河东街道工人南里第二社区 3 号核酸检测点,志愿者任家斌正在认真扫录居民信息。(2022 年 11 月 12 日"@秦皇岛晚报"微博号)

【＊上岸】 shàng'àn　名词。原与"下海"相对,指离开商海,不再从事商业活动。现也指经过努力,获得成功。例 对于考研者而言,成功"上岸"也只是开始。(2021 年 4 月 9 日《中国青年报》)｜300 多万人报名,再创考研人数新高。回顾考研的艰辛过程,有人欢喜"上岸",也有人立誓来年再战。(2021 年 4 月 9 日《中国青年报》)

【社会面动态清零】 shèhuìmiàn dòngtài qīnglíng　新冠疫情防控期间,所有新的确诊病例或无症状感染者基本上是在隔离管控场所发现的,社会面一旦出现阳性感染者就隔离。例 保障人民群众生命安全和身体健康,尽快实现社会面动态清零。(2022 年 3 月 28 日《新华日报》)｜山东,3 月 29 日宣布自 2 月底以来的这波疫情实现社会面动态清零,复工复产进入"快车道"。(2022 年 4 月 19 日《中国青年报》)

【社会面清零】 shèhuìmiàn qīnglíng　新冠疫情防控期间,所有新的确诊病例或无症状感染者都是在隔离管控场所发现的,社会面不再出现阳性感染者。例 在国务院工作组的直接指导和省市共同努力下,扬州疫情防控取得了积极进展,新增本土确诊病例连续 5 天保持在个位数,连续两天社会面清零。(2021 年 8 月 21 日《新华日报》)｜12 月 9 日晚,自治区党委副书记、自治区主席王莉霞在满洲里主持召开疫情防控现场处置工作调度会,部署下步重点工作,强调要紧扣实现社会面清零这个最紧要目标,全方位全链条全过程查漏补缺,争取早日打赢疫情防控歼灭战。(2021 年12 月 9 日《内蒙古日报》)

【**社牛症**】 shèniúzhèng 名词。网络用语。指在陌生的环境中毫不胆怯的社交表现。例针对"社牛症"群体,我们应该区别对待。有些"社牛"的高情商、勇敢无畏,的确值得我们学习,但也有些"社牛"的背后是虚无和自卑。(2021 年11 月 24 日《科技日报》)|网友"考古"发现,"社牛症"最早出自 B 站一位以恶搞、重口味为主的 UP 主,而后语义不断变化。(2021 年 11 月 25 日中工网)

【**社死**】 shèsǐ 动词。网络用语。"社会性死亡"的简称。指某人做了一些极其丢人的事,以至于不知道以后该怎么在社会上生活。例照说年轻人应该有犯错的额度,但是某些轰轰烈烈的社死现场也的确有些惊心动魄,不禁让人想到家教这个词。(2021 年 10 月 30 日《新民晚报》)|每一篇有板有眼的杜撰,或许都能掀起一次流量的狂欢,但对当事人而言,却是一场不折不扣的"社死"之灾。(2021 年 11 月 23日《北京晚报》)

【**深合区**】 shēnhéqū 名词。"珠海横琴粤港澳深度合作示范区"的简称。2021 年 9 月,中共中央、国务院印发了《横琴粤澳深度合作区建设总体方案》,并发出通知,要求各地区各部门结合实际认真贯彻落实。例通过珠澳联合举办各类跨境文化、节庆、赛事活动,开发跨境"一程多站"旅游产品,不断加强文化认同感,实现民心相通,让深合区真正成为澳门

知识窗 相关词语

融入国家发展大局的第一站。(2021 年 6 月 23 日《南方日报》)｜他表示将积极发挥好自身专业优势,在深合区为粤澳制度对接及创新事业贡献法律专业力量,共同促进澳门更好融入国家发展大局。(2021 年 9 月 7 日《中国青年报》)

【神农英才】　Shénnóng yīngcái　《中共中央 国务院关于做好 2022 年全面推进乡村振兴重点工作的意见》中提出的计划。持续跟踪培养具有发展潜力的农业青年科技人才,让更多青年人才担纲领衔重要的农业科研任务。例启动"神农英才"计划,加快培养科技领军人才、青年科技人才和高水平创新团队。(2022 年 2 月 23 日《人民日报》)｜农业农村部表示,在"过紧日子"的同时,重点保障国家粮食安全、第三次全国土壤普查、国家神农英才计划等重点任务。(2022 年 3 月 25 日《新京报》)

【神舟十四号】　Shénzhōu Shísìhào　中国载人航天工程发射的第十四艘飞船。2022 年 6 月 5 日 10 时 44 分,搭载神舟十四号载人飞船的长征二号 F 遥十四运载火箭在酒泉卫星发射中心点火发射成功。例神舟十四号乘组在轨驻留期间,将先后发射问天实验舱和梦天实验舱,与天和核心舱对接,进行舱段转位,在 2022 年底前完成空间站三舱组合体建造。(2021 年 10 月 15 日《新民晚报》)｜神舟十二号安全返回,神舟十三号成功发射,神舟十四号待命出征。(2021 年 11 月 9 日《光明日报》)

【时光之镜】　shíguāng zhī jìng　为纪念建党百年而举办的沉浸式互动体验活动。例自当天至 5 月 4 日,由共青团中央宣传部、中国青年报社、共青团上海市委共同主办的"穿越百年,叩问初心——'时光之镜'建党百年沉浸式互动体验活动"将向公众开放。(2021年4月26日《中国青年报》)｜通过"时光之镜"设定的程序,这名小学生高高举起手,与"陈延年"隔空击掌,约定"相会在中华复兴时"。(2021年5月5日《中国青年报》)

【时空伴随】 shíkōng bànsuí 同"时空交集"。例新增感染者与现有感染者有无时空伴随关系;在院患者当天有没有出现重症或危重症病例,若是出现了,是监测晚了、前期治疗不到位,还是有基础性疾病等。(2021年8月19日《新华日报》)｜有师生涉及密切接触、时空伴随等情况的学校,配合属地、卫健疾控部门组织开展人员核酸检测。(2021年12月11日《北京青年报》)

【时空交集】 shíkōng jiāojí 与新冠确诊病例的电话号码在同一时空网格(范围是800m×800m)共同停留超过10分钟,且最近14天任一方号码累计停留时长超过30小时以上。也称"时空伴随"。例从本轮疫情第一例确诊病例至今,主动报告与确诊病例有时空交集者已有先例,海淀阿姨就曾上演教科书般的防疫操作,充分展现出以身作则参与疫情防控的责任心。(2021年11月4日《北京晚报》)｜存在时空交集,出现典型症状,一定要警惕,千万别疏忽!(2021年11月14日《北京晚报》)

【*时空重合】 shíkōng chónghé 与新冠确诊病例或无症状感染者在同一时间段内出现在同一空间。例9月23日以来有内蒙古自治区阿拉善盟旅居史,或与目前国内已报告病例的公布行程有时空重合者,须立即向社区(村)、单位、宾馆报告行程,就地自我隔离不外出,并配合各项管控措施。(2021 年 10 月 25 日《北京晚报》)｜对与确诊病例或无症状感染者活动轨迹有时空重合人员赋"黄码",按照苏康码"黄码"人员进行管理。(2021 年 11 月 5 日《新华日报》)

【时栅】　shíshān　名词。高端制造业上的一种以时间测量空间的精密测量技术。例智能产业为高质量发展注入了新动能。如今在重庆,"芯屏器核网"全产业链持续发力,一项项智能创新成果接连涌现:取得纳米时栅位移测量技术、汽车双离合器自动变速器等科技成果。(2022 年 8 月 21 日《人民日报》)｜0.01 毫米,这是极小径铣刀的直径,仅相当于八分之一头发丝粗细;±0.06 角秒,这是纳米时栅的最高测量精度,相当于 360 度圆周内任意 1 度的六万分之一,达到现有检测仪器水平的极限。(2022 年 10 月 12 日《新华日报》)

【手语数字人】　shǒuyǔ shùzìrén　指为听障人士提供实时手语播报的虚拟数字人。也写作"手语数智人"。例打造手语数字人,首先要让计算机能够模仿听障人士的大脑。与新闻口语播报相比,手语播报需要在口语播报内容的基础上,进行语序调整与精简。(2022 年 2 月 10 日《北京晚报》)｜百度方面透露,百度智能云曦灵将推出"AI 手语平台",可实现分钟级生成手语合成视频、手语主播实时直播等功能,进一步降低手语数字人的制作、生成门槛,让听障人士能够更平等地获取信息。(2022 年 3 月 2 日《新京报》)

【蔬菜包】　shūcàibāo　名词。指新冠疫情防控期间由政府统一采买后发放给居民的新鲜蔬菜物资。例辽宁省组织人

员预先包装,将蔬菜分拣搭配、封装入盒,方便蔬菜包直达上海千家万户。(2022 年 4 月 12 日《中国青年报》)|海淀区联合各大商超为封管控社区居民赠送爱心蔬菜包。(2022 年 5 月 23 日《北京晚报》)

【数藏】 shùcáng 名词。"数字藏品"的简称。例今年以来,虽然数字藏品市场的发展有所放缓,但仍有不少数藏机构在"跑步入场"。(2022 年 10 月 26 日《光明日报》)|数字藏品圈内人士普遍认为,有关协会和部门从今年春天开始连续发文,到今年秋季开始强调自律、合法,这与数藏圈从起飞到出现大量问题,跑路、欺诈事件的时间同步并非巧合。(2022 年 11 月 8 日《北京青年报》)

【数据安全元年】 shùjù ānquán yuánnián 指数据安全法、个人信息保护法、《关键信息基础设施安全保护条例》等法律法规正式实施的 2021 年。例 2021 年,也是相较特殊的一年,被称为"数据安全元年"。在这一年,数据安全法、个人信息保护法、《关键信息基础设施安全保护条例》等法律法规正式实施,国家网信办相继对外发布《网络安全审查办法(修订草案征求意见稿)》等,并公开征求意见。(2021 年 12 月 7 日搜狐网)|基于 2021 年加强数据安全的相关举措成效不断积累,因此,2022 年也被部分舆论声音称为"数据安全元年"。(2022 年 1 月 11 日腾讯网)

【数实经济】 shù shí jīngjì 指数字经济和实体经济的融合。数字经济就是互联网经济;实体经济是各种物质生产及其部门。例这也意味着从 2018 年开始积极拥抱产业互联网,大力投入数字新基建后,腾讯主动切换发展引擎,脱虚向实

知识窗

相关词语

的战略转型取得初步成效,以服务 B 端为主的数实经济(即数字经济＋实体经济)收入成为腾讯新的增长引擎。(2022年 4 月 1 日《南方日报》)｜近年来,一批数字经济企业持续加码产业互联网,以更大力度的技术创新服务实体经济。一些企业"数实经济"的收入,已占企业总营收中的约三分之一。(2022 年 5 月 20 日《中国青年报》)

【数字藏品】 shùzì cángpǐn　使用区块链技术,对应特定的作品、艺术品生成的唯一数字凭证。例同样聚焦数字藏品板块,清博智能副总裁、创新院执行院长李祖希认为,数字藏品是打开"元宇宙"的一把钥匙。(2022 年 6 月 2 日《中国青年报》)｜不久,上海交响乐团推出 NFT 数字文创"中国最早的交响乐唱片",上海话剧艺术中心推出话剧《红楼梦》数字藏品,摩登天空推出首个数字藏品系列"I.M.O.星际动力别动队－星际漫游者"。(2022 年 6 月 28 日《北京晚报》)

*数字人　数字税　数字云　*数字国家　数字货币　数字家庭　数字经济　*数字劳工　*数字盲道　数字跑道　数字跑鞋　数字弃民　*数字哨兵　*数字手办　*数字卫兵　*数字咸菜　数字战疫　*数字职业　数字治城　数字治疫　*数字化障碍　*数字碳中和　数字资产化　数字人民币　数字水建筑　数字新基建　数字基尼系数　*数字交互空间　数字化管理师　数字丝绸之路

【数字国家】 shùzì guójiā　指国家的实体不复存在,而原有的自然环境、历史文化等利用虚拟技术保存在数字化系统的国家中。例为了保存岛屿风光和历史文化,图瓦卢决定借助虚拟技术搬进"元宇宙",成为全球首个数字国家。(2022 年 11 月 18 日网易网)｜(图瓦卢)外交部部长西蒙·科夫在视频中说,"随着我们国家的消失,我们别无选择,只

能成为世界上首个数字国家。"(2022 年 11 月 19 日国际在线　百家号)

 相关词语见"数字藏品"。

【数字化障碍】　shùzìhuà zhàng'ài　中老年等群体因不会使用手机、电脑软件等,在日常生活中形成的障碍。例日前,中国青年报社社会调查中心联合问卷网发布的一项有 1533 名受访者参与的调查显示,71.1％受访者感觉父母在生活中面临诸多"数字化障碍"。(2021 年 12 月 9 日中国经济网　百家号)｜如何帮助父母解决生活中面临的"数字化障碍"? 调查显示,74.5％的受访者会耐心指导,49.7％的受访者会进行远程协助,36.4％的受访者会为父母选取体验好易操作的产品。(2021 年 12 月 12 日腾讯网)

 相关词语见"数字藏品"。

【数字交互空间】　shùzì jiāohù kōngjiān　指在具备功能性、信息性、联通性、载体性的同时,通过数字人身份引入、虚拟交互机制、数字资产创作等技术形成的空间,让用户能够拥有沉浸式体验。例通过文物全景复原、游戏交互场景搭建、三维角色渲染等设计手法,打造出我国首个大型沉浸式数字交互空间(2022 年 7 月 21 日《人民日报》)｜近日,北京理工大学发布"挑战杯·元宇宙"大型沉浸式数字交互空间,该校师生把大学校园建在了元宇宙里。(2022 年 9 月 26 日《中国青年报》)

 相关词语见"数字藏品"。

【数字劳工】　shùzì láogōng　采用数字信息技术从事劳动

知识窗

相关词语

的人。也称"数字化劳动力"。|例|创作者和读者一定程度上
成为传统网文平台的"数字劳工"。(2022年8月20日《光
明日报》)|显然,"数字劳工"绝非发动战争、引发重重乱象
的始作俑者,他们只是被逼入了某种不相互厮杀便无从立
足的境遇之中。(2022年8月26日搜狐网)

 相关词语见"数字藏品"。

【数字盲道】　shùzì mángdào　专门为视障人士提供的数字
化无障碍服务设施。可以将视觉信息转换为听觉、触觉信
息,因其功能与引导盲人行走的道路设施类似,故称。也称
"互联网盲道"。|例|为了让他们能够与视力正常的人享受一
样的权益,有声读物正在为他们铺设一条"数字盲道"。
(2022年9月26日腾讯网)|数字盲道开通后,视障、肢残
读者通过手机无障碍导航系统可以独立、安全、准确地前往
盲道覆盖的任何区域。(2022年11月16日东北新闻网
百家号)

 相关词语见"数字藏品"。

【数字人】　shùzìrén　名词。运用数字技术创造出来的、与人
类形象接近的数字化人物形象。也称"虚拟人""虚拟数字
人"。|例|中国电子学会副理事长兼秘书长陈英在本届服贸
会数字贸易发展趋势和前沿高峰论坛上这样介绍数字人,
在Web1.0时代,大家要有一个邮箱;Web2.0时代,可能需
要一个QQ号或微信号;Web3.0时代,可能大家还需要一
个数字人来代表你的形象。(2022年9月5日《中国青年
报》)|数字人,特别是可自驱数字人的未来已经逐渐清晰,

我国在此领域具有足够的技术储备、市场规模和商业环境，有望成为这一新兴领域的全球领导者。(2022 年 9 月 16 日《新华日报》)

相关词语见"数字藏品"。

【数字哨兵】 shùzì shàobīng　一种具有快速核验健康码、身份证、核酸检测信息等功能的硬件设备。因其在新冠疫情防控期间，能像哨兵一样守护在各防疫卡口，故称。也称"数字卫兵"。例"数字哨兵"又叫上海移动"防疫一体机"，通行人员只需站在指定位置进行人脸测温，同时将随申码靠近扫码处，或将身份证、社保卡放置于机器上进行识别，基于上海大数据中心和健康云平台大数据支持，可快速核验健康码、核酸检测结果、行程卡、新冠疫苗接种情况，结合一站式核查结果，在显示屏处展示判断是否允许进入。(2022 年 4 月 3 日《北京晚报》)｜记者从上海大数据中心了解到，"数字哨兵"通过 OCR(光学字符识别)软件识别用户身份证，对于一些生僻字，或无法识别，或错误识别为其他字，造成与随申码、核酸码的名字无法对应。(2022 年 6 月 20 日《新民晚报》)

相关词语见"数字藏品"。

【数字手办】 shùzì shǒubàn　利用增强现实技术制作的虚拟动漫收藏模型。也称"虚拟手办"。例这些虚拟手办类似 3D 模型……据了解，虚拟手办是一款可以在支付宝程序内显示的 3D 模型，该模型是蚂蚁链技术支持的数字藏品。在购买数字手办后，消费者会得到购买产品的区块链查证信息。(2021 年 9 月 29 日《北京青年报》)｜这种手办本质上

知识窗

相关词语

就是个 3D 建模,通常来说我们制作手办都是先制作 3D 模型,经过 3D 打印进行模具开发,再交给工厂进行手办的批量生产,这种数字手办只是实体手办生产的一个环节。(2021 年 9 月 29 日《北京青年报》)

 相关词语见"数字藏品"。

【数字碳中和】 shùzì tànzhōnghé 数字化路径和碳中和目标的结合。例大同云冈数字碳中和峰会、"游山西·读历史"大同文化旅游体验活动、大同特色商品展销活动。(2021 年 5 月 21 日《人民日报》)|第十二届中国中部投资贸易博览会·大同云冈数字碳中和峰会在大同未来能源馆开幕。会上,启动秦淮数据集团 150MW 本地消纳光伏电站项目,推动可再生能源资源向高附加值算力资源转化。(2021 年 5 月 26 日《人民日报》)

 相关词语见"数字藏品"。

【数字卫兵】 shùzì wèibīng 同"数字哨兵"。例"数字卫兵"是集成测温、健康码扫码和身份证识别核验、人脸识别等多项功能能于一体的硬件设备,能够快速核查通行人员的身份、实时体温、健康码状态、核酸结果、疫苗接种等信息,实现"一次核验、一码通行"。(2022 年 11 月 4 日腾讯网)|"数字卫兵"能否正确投入应用必须具备三个基本条件:能实现移动数据通信,完成与大数据中心的数据链路对接,完成场所码绑定。(2022 年 11 月 24 日搜狐网)

 相关词语见"数字藏品"。

【数字咸菜】 shùzì xiáncài 指内容浮夸俗套,剧本只求速成,拍摄不谈美感,配角基本外包的短时长网络剧。其作用类似于下饭的"咸菜",故称。例微短剧"短、平、快"等属性,恰好契合"缩时社会"网络受众的文化心理需求,成了"数字咸菜"。(2022 年 2 月 23 日《光明日报》)｜"数字咸菜"式微短剧,会对观众产生某些不良影响。(2022 年 4 月 13 日《北京青年报》)

 相关词语见"数字藏品"。

【数字职业】　shùzì zhíyè　指利用信息化手段进行劳动的工作。人力资源和社会保障部发布的《中华人民共和国职业分类大典(2022 年版)》首次标注了 97 个数字职业。例新版大典的一个亮点,就是首次标注了数字职业(标注为 S)。数字职业是从数字产业化和产业数字化两个视角,围绕数字语言表达、数字信息传输、数字内容生产三个维度及相关指标综合论证得出。(2022 年 7 月 14 日《人民日报》)｜来自人社部的信息显示,不少新职业是在数字经济发展中催生的数字职业。(2022 年 7 月 15 日《中国青年报》)

 相关词语见"数字藏品"。

【刷掌支付】　shuāzhǎng zhīfù　一种新型支付方式。利用掌纹识别在特定设备上进行货币支付。例近日,微信支付正在内测一项名为"刷掌支付"的全新支付功能,被誉为新一代支付体验。(2021 年 8 月 17 日《中国经济周刊》)｜刷掌支付是生物识别技术的一项重要补充,相比刷脸支付,在新冠肺炎疫情期间,刷掌支付的可行性、方便性更高。(2021 年 9 月 17 日《经济日报》)

知识窗
相关词语

【栓 Q】 shuān Q　网络用语。英文 thank you 的谐音。本意是谢谢,后引申用来表示无语、讨厌的情绪。例"不是我不明白,这世界变化快",互联网"黑话"的确早已冲出小圈子,闯入我们的日常交流,尤其是在互联网群组中,人们常常能从孩子、同事、朋友、网友等的聊天中,听到"栓 Q"(无语、讨厌)、"芭比 Q"(完了完了)、"蚌埠住了"(绷不住了)、"emo"(忧郁、伤感)等众多不断新生的"黑话"。(2022 年 7月 26 日《北京青年报》)│还有前几天广受热议的"栓 Q",如果不了解它的出处,就会看得一头雾水。(2022 年 9 月 30日《南方日报》)

【˚双奥】 Shuāng Ào　名词。"夏季奥运会"和"冬季奥运会"的合称。例在首次特别设立的"双奥"航空公司形象展示专区,国航通过大量实物展示与多媒体互动,向现场观众讲述国航"双奥"故事。(2021 年 9 月 16 日《中国青年报》)│传递路线立足展现北京、延庆、张家口赛区的冰雪资源、冰雪运动、冰雪文化和双奥遗产,呈现沿途的自然、历史、人文特色和现代化风貌。(2021 年 10 月 21 日《中国青年报》)

【双奥之城】 Shuāng Ào Zhī Chéng　指既举办过夏季奥运会又举办过冬季奥运会的城市。例国际奥委会主席托马斯·巴赫通过视频致辞说:"一年后的今天,北京将书写历史,成为有史以来第一个既举办过夏季奥运会,又举办过冬季奥运会的双奥之城。(2021 年 2 月 5 日《中国青年报》)│充分利用北京文脉底蕴深厚和文化资源集聚的优势,展现奥林匹克运动在首都蓬勃开展的现实场景,凸显历史文化名城的风貌特色,充分彰显"双奥之城"的独特魅力,让北京历

史文化这张金名片更加光彩夺目。(2021 年 10 月 21 日《中国青年报》)

【双城三圈】　Shuāngchéng Sānquān　"双城"指香港和深圳,"三圈"指深圳湾发展圈、港深互动圈、大鹏湾/印洲塘生态康乐旅游圈。以上合称"双城三圈"。例此份施政报告描绘的北部都会区规划,以及达至港深更紧密合作的"双城三圈"概念,展现发展战略思维的突破。(2021 年 10 月 8 日《新华日报》)｜香港特区行政长官林郑月娥 10 月 6 日在特区立法会发表其任期内的第五份施政报告中提出,将实施《北部都会区发展策略》,把香港北部改造成活力十足的地区;构建"双城三圈"的发展格局,以促进深港密切合作。(2021 年 10 月 22 日《中国青年报》)

【双减】　shuāngjiǎn　名词。"有效减轻义务教育阶段学生过重作业负担和校外培训负担"的通称。例减负是为了让孩子更好地学习,回归学习的本质,"双减"将带来更多教育公平,也为家长带来心态上的放松。(2021 年 9 月 1 日《新华日报》)｜在"双减"政策落地百日后,更多的在线教育赛道正在被挖掘和开拓,在线教育也从单一的学科教育向更多元化的方向改变。(2021 年 11 月 5 日《南方日报》)

　　2021 年 7 月 24 日,中共中央办公厅、国务院办公厅印发《关于进一步减轻义务教育阶段学生作业负担和校外培训负担的意见》,要求切实提升学校育人水平,持续规范校外培训(包括线上培训和线下培训),有效减轻义务教育阶段学生过重作业负担和校外培训负担。"双减"政策是强化学校教育主阵地作用,深化校外培训机构治理,构建教育良好生

知识窗

相关词语

态,促进学生全面发展、健康成长的重要举措。

【**双流调**】 shuāngliúdiào　指对确诊病例的密切接触人员和次密接接触人员的流行病学调查。⬚例昌平区将抢抓时间、分秒必争,继续做好"双流调"工作,落人落地落管控。(2021年7月30日《北京青年报》)|依托"双流调"工作机制,对密切接触者及次密接人员第一时间核查落位并落实管控措施。(2021年10月22日《北京青年报》)

【**双碳**】 shuāngtàn　名词。"碳达峰"与"碳中和"的合称。⬚例"十四五"时期,北京将打造"高精尖"产业2.0升级版,加快布局生物技术与生命科学、双碳技术等一批未来产业。(2021年8月29日《光明日报》)|9月21日,习近平主席在第七十六届联合国大会一般性辩论上发表重要讲话,坚定重申"双碳"目标,极大提振了全球气候治理的信心。(2021年10月30日《人民日报》)

📖 2020年9月习近平主席在第75届联合国大会一般性辩论上首次提出,中国力争在2030年前实现碳达峰,2060年前实现碳中和。2021年10月24日,中共中央、国务院印发的《关于完整准确全面贯彻新发展理念做好碳达峰碳中和工作的意见》和《2030年前碳达峰行动方案》发布,对中国"双碳"目标进行部署。

【**双碳目标**】 shuāngtàn mùbiāo　"碳达峰"目标和"碳中和"目标的合称。2020年9月习近平主席在第75届联合国大会一般性辩论上首次提出。⬚例双碳目标是一项系统工程,涵盖学科领域广、时间跨度长,需要统筹考虑经济社会发展、能源消费总量、能源结构、产业结构、区域发展、生态系统建设的阶段目标。(2021 年 9 月 27 日《新京报》)｜双碳目标确定,将进一步使北京市重视输入电力的低碳化、公路交通的低碳化(电动化),以及建筑能效的提升。(2021 年 10 月 26 日《新京报》)

【双碳时代】　shuāngtàn shídài　指社会发展进入"碳达峰"和"碳中和"的历史时期。例双碳时代为了应对"双碳目标",完成"能耗双控"考核,"十四五"期间内蒙古原则上不再审批新的煤化工项目。(2021 年 5 月 11 日《中国青年报》)｜1.6 万光年,FAST 天眼与宇宙对话;380 公里,复兴号高铁奔跑如飞;800 公里续航,理想汽车奔向双碳时代。(2021 年 10 月 20 日《新华日报》)

【双碳新周期】　shuāngtàn xīnzhōuqī　指以"碳达峰、碳中和"为目标的低碳全产业链在未来形成的新的发展机遇期。例除能源体系外,工业、制造业等领域也是我国碳排放的主要来源,为实现"碳中和、碳达峰"目标,需要传统产能碳效率进一步提升,因此"低碳化改造"也将是"双碳新周期"中必不可少的一环。(2022 年 1 月 20 日新浪网)｜实现"双碳新周期"必然要经历"弃旧"和"迎新"两个过程:"弃旧"意味着摒弃传统高能耗发展模式,实现绿色低碳转型;"迎新"意味着寻找绿色低碳新业态、新模式下的新机遇,建立绿色发展新动能。(2022 年 10 月 12 日新浪网)

【双碳战略】　shuāngtàn zhànlüè　作为我国发展战略的"碳达峰"和"碳中和"的合称。例常州将紧扣融合应用创新、产业生态培育,把工业与能源互联网作为落实"双碳战略"、绿色低碳发展的重要基石和关键路径。(2021 年 6 月 29 日

知识窗

相关词语

《新华日报》)｜面向我国双碳战略目标和国际社会5年一次的全球盘点,团队参与研制新一代碳卫星,以期实现更精准的源汇识别。(2021年8月18日《新华日报》)

【双碳政策】　shuāngtàn zhèngcè　指为我国实现"碳达峰"和"碳中和"目标而制定的各项政策。例水发兴业能源作为国家双碳政策落地的先行者,将紧紧把握战略机遇,不断推动产业融合和模式创新,成为国内新能源和绿色建筑赛道中具备长期发展潜力和持续发展的领先国资上市平台,持续创造业绩高点。(2021年9月9日《南方日报》)｜近几年,国内绿色消费趋势愈发明显,平台联动商家在绿色减碳上更进一步,既是响应双碳政策之举,也是顺应消费者趋势的必然选择。(2021年11月4日《新京报》)

【水泥鼻】　shuǐníbí　名词。感染新冠病毒后出现的鼻子不通气等症状。好像鼻子被水泥封住了一样,无法正常呼吸,故称。例所谓的"水泥鼻"实际是指鼻塞,喘不动气,鼻子里面像灌了水泥一样,不透气,如何缓解呢?(2022年12月27日腾讯网)｜成人发烧后全身酸痛,还有"刀片嗓""水泥鼻"等症状,从发热的时长还有发热的高峰来看,成人在这一波感染当中发热的时长比孩子更加长一点。(2022年12月31日《新民晚报》)

【思想尘】　sīxiǎngchén　名词。思想上的灰尘,比喻思想认识上不健康、不正确的方面。例从小事小节上守起,正心明道、怀德自重,勤掸"思想尘"、多思"贪欲害"、常破"心中贼",以内无妄思保证外无妄动。(2022年3月2日《中国青年报》)｜习近平总书记强调,守住拒腐防变防线,最紧要的是守住内心,从小事小节上守起,正心明道、怀德自重,勤掸"思想尘"、多思"贪欲害"、常破"心中贼",以内无妄思保证外无妄动。(2022 年 3 月 14 日人民网)

【算法裁员】 suànfǎ cáiyuán　主要通过人工智能判定和筛选被裁员工。例算法裁员时代:这家公司 150 名员工被系统判定为"不敬业"(2021 年 8 月 24 日新浪网)|算法裁员,也证实了一个令诸多学者都担忧已久的问题:AI 应该增强人性,而不是减少或取代它,是这个时代面临的最大挑战之一。(2021 年 9 月 15 日"澎湃新闻"客户端)

【随缘社交】 suíyuán shèjiāo　指顺应机缘,不主动与他人建立新的社会关系或增进社会交往。例随缘社交,常聊的也不过二三人,大家或许忙碌于自己的生活,或许更多的也是像我一样求个随缘。(2021 年 5 月 27 日"今天你想婧婧吗"公众号〔ID:Xj040540〕)|社交软件除工作需要外更新频率变得很低,随缘出现,随缘社交。(2021 年 12 月 20 日"梁思睢"公众号〔ID:iiipoem〕)

【狲大娘】 sūndàniáng　名词。中国第一只人工繁育的兔狲。例在工作人员的精心呵护之下,狲大娘一路成长,如今"大娘"体重达 3.4 千克,体型已与成年兔狲无异。(2022 年 7 月 8 日腾讯网)|2021 年"狲思邈"与 2019 年救护的雌性兔狲"狲尚香"诞下一"女",名为"狲大娘",为国内第一只人工繁育成活的兔狲,填补了国内空白。(2022 年 10 月 11 日《北京青年报》)

知识窗

相关词语

T

【太空出差】 tàikōng chūchāi　对航天员乘宇宙飞船执行航天任务的戏称。又称"太空出差三人组"。例9月17日，中国空间站阶段航天员第一次返回，在太空出差长达3个月的3名航天员聂海胜、刘伯明、汤洪波终于回家了。（2021年9月23日《中国青年报》）｜仅仅时隔18年，中国的航天员就能够实现长达6个月之久的"太空出差"，当年的诸多"第一次"已经成为太空生活的日常。（2021年11月3日《新民晚报》）

    📖 神舟十二号航天员乘组聂海胜、刘伯明、汤洪波首次刷新了中国航天员单次飞行任务太空驻留时间的纪录，2021年6月7日至9月17日，在空间站组合体工作生活90天，被称为"太空出差"。

【太空贫血】 tàikōng pínxuè　指人在太空中出现的红细胞流失现象。例在这项研究之前，太空贫血被认为是宇航员第一次到达太空时对体液流入上半身的一种快速适应，宇航员的血管因此损失10％的体液。（2022年1月19日《科技日报》）｜根据近日发表在《自然医学》上的一项研究，在太空中，宇航员体内的红细胞会持续被破坏，被破坏的数量比在地球上多54％，这样的情况也被称为"太空贫血"。（2022年1月26日《新华日报》）

【弹窗癌】　tánchuāng'ái　名词。指手机屏幕被恶意软件或程序大量弹窗导致手机无法使用。因像患了癌症一样难治，很难解决，故称。例然而现状表明，这些举措并没能从根本上避免老人手机罹患"弹窗癌"。(2022 年 3 月 6 日腾讯网)｜字母榜在《老人手机得了"弹窗癌"》一文中，通过采访部分用户，了解到一些老年安卓机主，很容易会在无意间下载一大堆乱七八糟的垃圾 APP，然后就是无休止的弹窗广告，导致手机最终卡得无法正常使用。(2022 年 3 月 9 日腾讯网)

【碳捕手】　tàn bǔshǒu　名词。指从工业或其他碳排放源中捕集二氧化碳，并将其运输到特定地点加以利用或封存的技术。因其具有减排规模大、减排效益明显等特点，故称。英文简称"CCUS"。例将二氧化碳从工业或其他碳排放源中捕集，并运输到特定地点加以利用或封存的技术，具有减排规模大、减排效益明显的特点，被形象地称为"碳捕手"。(2022 年 7 月 29 日腾讯网)｜CCUS 是一项具有大规模减排潜力的技术，是实现碳中和的重要技术组成部分，被形象地称为"碳捕手"。(2022 年 11 月 4 日新浪网)

【碳汇计量评估师】　tànhuì jìliáng pínggūshī　指运用碳计量方法学，从事森林、草原等生态系统碳汇计量、审核、评估的人员。例碳汇计量评估师、综合能源服务员、建筑节能减排咨询师，是着眼"双碳"战略的新兴"绿色"岗位。(2022 年 7 月 6 日《光明日报》)｜在相关市场需求的驱动下，"碳汇计量评估师""煤提质工"等绿色职业应运而生。(2022 年 9 月 20 日《人民日报》)

知识窗

相关词语

【碳手印】　tànshǒuyìn　名词。指通过应用信息与通信技术（ICT）助力其他行业减少碳排放量。与"碳足迹"相对。例为更好发挥"碳手印"使能效应，华为今年发布《绿色发展2030》报告指出，ICT 技术使能绿色发展的三大创新方向：提升数字基础设施能效，加大可再生能源占比，使能行业绿色发展。（2022 年 7 月 19 日搜狐网）｜与此同时，它还在助力千行百业大幅减少碳排放量，也就是说，ICT 行业本身就在发挥"碳手印"的使能效应。（2022 年 7 月 20 日新浪网）

【躺平】　tǎngpíng　动词。比喻人在面对压力或挫折时，态度消极，主动放弃，不做任何努力。例难得拥有毫无压力的假期，我舍不得"躺平"，可同时也排斥"内卷"。（2021 年 7 月 21 日《中国青年报》）｜很多年轻人白天在室内工作，晚上习惯"躺平"，不运动，也很少晒太阳。（2021 年 10 月 20 日《新民晚报》）

【特代】　tèdài　名词。"特别代表"的简称。例日前，美国国务院西巴尔干事务特代、助理国务卿帮办帕尔默在访问黑山期间称，中国在黑山及西巴尔干地区推行债务陷阱外交。黑山要警惕与中国的商业交往。（2021 年 7 月 13 日人民网）｜访问期间，刘豫锡特代考察了阿布贾城铁、阿布贾—卡杜纳铁路等中尼合作项目，同在尼主要中资企业代表座谈。（2022 年 9 月 25 日人民网）

【提级管控】　tíjí guǎnkòng　提高级别，加强管控。例要以口岸地区防控为重点加强外防输入，疫情较重地区要提级管控、尽锐出战，解决检测能力不够、隔离房间不足等堵点问题，推动感染者应收尽收、密接人员应隔尽隔，彻底阻断疫情社区传播。(2022年3月20日《人民日报》)｜对高风险小区提级管控,严格足不出户,做好群众基本生活和就医用药保障,最大限度减少疫情对群众生产生活的影响。(2022年8月20日《光明日报》)

【天宫对话】　Tiāngōng duìhuà　在"天宫"空间站,执行任务的中国神舟十四号航天员通过天地连线与多国青少年进行的网络视频交流互动。例"元旦京港澳天宫对话"活动于2022年1月1日下午成功举行。正在

天宫空间站执行任务的神舟十四号乘组与来自北京、香港和澳门的约500名青年学生,在新年第一天进行了一场别开生面又富有意义的互动交流活动。(2022年1月2日《人民日报》)｜新年第一天,"元旦京港澳天宫对话",天地连线,多地协同,年轻人一起仰望星空,欲与天公试比高,追收来自天宫的新年寄语,这盛况多么澎湃人心。(2022年1月4日《中国青年报》)

【天宫问答】　Tiāngōng wèndá　在"天宫"空间站,中国航天员以线上视频方式回答美国学生提问的活动。例受此启发,中国驻美使馆设计了"天宫问答"活动——面向美国中小学生征集他们希望向中国航天员们了解的问题,得到了热烈响应,来自美国13个州的20多所学校发来了180多个问题视频,共有300多名同学参与提问。(2022年4月10日人民网)｜在轨期间,3名航天员在地面科技人员支持

知识窗

相关词语

下,圆满完成2次出舱活动、2次"天宫课堂"天空授课、1次与美国青少年"天宫问答",开展了多项科学技术实验和应用项目。(2022年4月16日《北京青年报》)

【天和核心舱】 Tiānhé héxīncāng 中国"天宫"空间站的组成部分。主要用于空间站的控制和管理,具备长期自主飞行能力,能支持航天员长期驻留,还能支持开展航天医学和空间科学实验。核心舱长16.6米,包括节点舱、生活控制舱和资源舱,有三个对接口和停泊口,对接口用于载人飞船、货运飞船及其他飞行器访问空间站;停泊口用于两个实验舱与核心舱组装形成空间站组合体,另一个出舱口供航天员出舱活动。例此前,空间站天和核心舱、天舟二号货运飞船已经顺利通过出厂评审,标志着空间站建造即将转入任务实施阶段。(2021年2月2日《中国青年报》)｜天和核心舱发射成功,标志着我国空间站建造进入全面实施阶段,为后续任务展开奠定了坚实基础。(2021年4月30日《中国青年报》)

【天鲲二号】 Tiānkūn Èrhào 是由中国航天科工集团二院空间工程公司研制的新技术试验卫星。例我国首型固体捆绑运载火箭长征六号改29日在太原卫星发射中心成功发射,搭载发射的浦江二号和天鲲二号卫星顺利进入预定轨道,发射任务获得圆满成功。(2022年3月30日中央人民广播电台《新闻和报纸摘要》)｜"天鲲二号"卫星是该领域又一具有国内领先水平的创新性成果,能够满足空间科学探测、在轨服务、新技术验证等多样化复杂任务的功能需求,有效提升小卫星空间多任务适应能力。(2022年3月31日《中国青年报》)

【天网 2022】 tiānwǎng 2022　由中央反腐败协调小组国际追逃追赃和跨境腐败治理工作办公室部署的 2022 年反腐败国际追逃追赃和跨境腐败专项治理工作。例近日,中央反腐败协调小组国际追逃追赃和跨境腐败治理工作办公室召开会议,学习贯彻十九届中央纪委六次全会精神,研究部署 2022 年反腐败国际追逃追赃和跨境腐败治理工作,启动"天网 2022"行动。(2022 年 3 月 3 日中央纪委国家监委网站)| 卢光远、卢光亮归案是贯彻落实十九届中央纪委六次全会精神、扎实开展"天网 2022"行动的重要成果,彰显了"有逃必追、一追到底"的坚定决心。(2022 年 7 月 5 日《南方日报》)

【天选】 tiān xuǎn　形容词。指被上天选中的,命中注定的。例那么多运动,为什么偏偏飞盘成了"天选"潮流运动?(2022 年 7 月 12 日《光明日报》)| 当生产方式从采集渔猎进入农耕,彼时自然、气候条件在列岛中最为优越的奈良盆地,也就成了孕育更高级文明的天选摇篮。(2022 年 11 月 4 日《北京青年报》)

【天舟】 Tiānzhōu　名词。向中国空间站及空间实验室运送物资的货运飞船。该名称经征集得来,寓意天地间往来的星汉之舟。例天舟货运飞船,是向中国空间站运送货物和推进剂等物资的使者,被亲切地称为太空中的"快递小哥"。(2021 年 4 月 30 日《中国青年报》)| 天舟二号还将带去实验设备、实验资料等物资,等到神舟十二号飞船将航天员送至天和核心舱,再由航天员在轨取出并安装。(2021 年 5 月 31 日《中国青年报》)

知识窗

相关词语

【天舟三号】 Tiānzhōu Sānhào 中国空间站关键技术验证及建造阶段第二艘执行应用性运输任务的货运飞船。主要为空间站运输物资和补加推进剂,并带回空间站废弃物。例执行天舟三号飞行任务的长征七号遥四运载火箭已完成出厂前所有研制工作,于8月16日安全运抵文昌航天发射场。(2021年8月17日《人民日报》)|伴随震天巨响,长征七号遥四运载火箭划破长空,将天舟三号货运飞船送入太空,为中国空间站天和核心舱送去第二件"快递包裹"。(2021年9月22日《中国青年报》)

【调饮师】 tiáoyǐnshī 名词。对茶叶、水果、奶及其制品等原辅料通过色彩搭配、造型和营养成分配比等方式完成口味多元化调制饮品的专业人员。2021年3月,调饮师入选人力资源社会保障部、国家市场监督管理总局、国家统计局联合发布的新职业信息名单。例随着生活模式改变,近年来出现了将茶叶、奶、果蔬等融合开发的新式饮品,广受群众特别是年轻人的喜爱。调饮师职业应运而生。(2021年3月20日《人民日报》)|人社部有关负责人表示,"调饮师"作为新兴职业,不仅有利于促进灵活就业,还可以带动茶叶、奶类及果蔬等产业的发展。(2021年3月23日《经济日报》)

【土坑酸菜】 tǔkēng suāncài 指在土坑中腌制的老坛酸菜包。将收获的芥菜直接放在不符合卫生标准的土坑里腌制酸菜,属于食品生产经营违法行为。例央视"3·15"晚会曝光"土坑酸菜"食品卫生安全事件以来,多家食品企业发声明道歉,有关执法部门叫停土法腌制酸菜,对涉事企业的相关人员予以控制。(2022年3月17日《中国青年报》)|近些

年,被曝光存在食品安全问题的企业并不鲜见,包括麦当劳、华莱士、曼玲粥、"土坑酸菜"等殷鉴不远,奈何仍有不少后来者。(2022 年 7 月 21 日《南方日报》)

【退役军人事务员】 tuìyìjūnrén shìwùyuán 　在退役军人服务中心(站)从事退役军人政策咨询、安置服务、就业创业扶持、信访接待、权益保障等事务办理工作的专业人员。人力资源和社会保障部、国家市场监督管理总局、国家统计局于 2022 年 7 月联合发布的新职业。例随着基层一线从事退役军人政策咨询、信访接待、权益保障、安置服务、就业创业扶持等事务人员增多,传递党和政府关心关爱、打通政策落实"最后一公里"的重要力量——"退役军人事务员"这一新职业得以提出。(2022 年 6 月 15 日《人民日报》)｜2021 年,林鹏所在单位去慰问一位抗美援朝老战士。"见面以后,听老兵讲那些战斗故事,可以看到他眼睛里迸发的光芒,这愈发激励我,要把退役军人事务员这个职业做好。"(2022 年 6 月 29 日《新华日报》)

【吞刀片】 tūn dāopiàn 　指感染新冠病毒后咽喉剧痛的感觉。因吞咽口水时嗓子像被刀片切割一般疼痛,故称。例我是我们几个当中症状最严重的,第一天的症状是咽干,不停地想喝水;第二天突然咽痛,就像是"吞刀片"的感觉;第三天最为难受,鼻塞、流鼻涕、肌肉酸痛、咳嗽、浑身没劲儿。(2022 年 12 月 13 日《北京晚报》)｜"阳了"的人群之中,普遍都有症状,不少人还轮番遭受"水泥封鼻孔""喉咙吞刀片"等诸多"酷刑"。(2022 年 12 月 30 日中工网)

【脱死】 tuōsǐ 　动词。逃脱死刑。例劳荣枝,脱死二十三年

（2022 年 11 月 30 日四川广播电视台　百家号）|6 个家庭，
7 条人命,20 多年的潜逃与脱死。（2022 年 11 月 30 日网
易网）

W

【外卷】　wàijuǎn　动词。通过向外拓展获取新资源的竞争，
也指大家携手一起停止内卷。例合作之中又袖藏刀锋,字
节教育的"外卷"俨然已经悄悄开始了。（2021 年 2 月 26 日
凤凰网）|希望张之臻的这两小步可以让更多人得到启发,
让中国男子网球更猛烈地"外卷"吧！（2021 年 6 月 30 日腾
讯网）

【湾湾】　wānwān　名词。大陆网友对台湾的昵称。与"陆
陆"相对。例最近有关湾湾的重大消息不断,其中三名美国
议员搭乘美军"环球霸王"C-17 运输机窜访台湾的消息尤其
显得突出。（2021 年 6 月 7 日新浪网）|继中国邮政公布
《壬寅年》邮票图稿之后,湾湾也公布了其"壬寅年"邮票图
稿。（2021 年 9 月 29 日搜狐网）

【万物皆可钝角】　wànwù jiēkě dùnjiǎo　所有的事情都可
以打破既定的框架。例钝角这个梗其实是没有具体的意思
的,它是抽象文化的具现,是对既定框架的打破,是一种带有
韵味的词语,它代表着无也代表着所有,万物皆可钝角,是一
种荒诞式的艺术。（2022 年 2 月 11 日腾讯网）|抽象派艺

能人金广发的一句"万物皆可钝角",听起来有些无厘头,实际上却是对既定框架的打破、对传统范式的叛离,甚至是某种新奇的艺术或技术。(2022 年 4 月 21 日搜狐网)

【王心凌男孩】　Wáng Xīnlíng nánhái　网络用语。王心凌老歌重唱的《爱你》在《乘风破浪》第三季播出后,涌现的中年男粉丝。例团队在分享中融入网络热点,如时下流行的"刘畊宏女孩"和"王心凌男孩"等话题。(2022 年 6 月 15 日《中国青年报》)｜作为"刘畊宏女孩"的对位,当然可以用性别视角来解读"王心凌男孩",但由此展开批判似乎意义不大,毕竟"王心凌"的流行,在王心凌之外。(2022 年 6 月 17 日《北京青年报》)

【网课爆破】　wǎngkè bàopò　一种网络入侵方式。在网课会议号和密码泄露后,不法分子有组织地"入侵"在线课堂,通过强行霸屏、刷屏骚扰信息,乃至辱骂师生、播放不雅视频等极端方式,恶意扰乱教学秩序。例 9 月 7 日,记者以"网课爆破""网课入侵"为关键词,在多个社交平台搜索发现,有多名 IP 地址为国内的网友做出很多过分的事,比如开麦制造噪音、辱骂学生教师、放哀乐、说荤段子、散发淫秽色情视频等。(2022 年 9 月 9 日《成都商报》)｜由进群学生在群中公布其课堂会议号甚至是密码,入侵者以"梦泪"等网名进入群聊或冒名顶替同学的名字发表不良言论,通过开麦、共享屏幕在视听两方面扰乱课堂秩序。这类行为也被称为"网课爆破"。(2022 年 11 月 8 日《中国青年报》)

【网课入侵】　wǎngkè rùqīn　网络用语。不法分子入侵网课课堂,通过强行霸屏、骚扰信息刷屏,乃至辱骂师生等方式干扰教学秩序。例"急救""请求支援""下午两点,求爆破"……这是一些学生把网课会议号发到网课入侵群里时说的话,有人称:"我不想上课,你们快过来帮我入侵网课。"(2022年11月8日《中国青年报》)｜在上网课时,直播间被人故意播放刺耳音乐,有捣乱者恶意威胁,种种话语不堪入耳。当地多个部门已成立联合调查组,调查结果将向社会公布。入侵网课捣乱的行为被称之为"网课爆破"或"网课入侵"。(2022年11月12日《北京晚报》)

【危险作业罪】　wēixiǎnzuòyèzuì　刑法罪名。指在生产、作业中违反有关安全管理的规定,有刑法所列情形之一,具有发生重大伤亡事故或者其他严重后果的现实危险的,处一年以下有期徒刑、拘役或者管制。危险作业罪,自2021年3月1日起施行。例随着"危险作业罪"入刑,各地应急管理部门加大行刑衔接力度,强化与司法部门沟通协作,依法严惩安全生产犯罪行为。(2021年3月20日《光明日报》)｜被告人张某未经许可,擅自储存、经营危险物品,具有发生重大伤亡事故等严重后果的现实危险,其行为已构成危险作业罪。(2021年7月17日人民网)

【文具刺客】　wénjù cìkè　文具中的"价格刺客"。见"价格刺客"。例新学期即将开始,不少家长在给孩子置办文具时,纷纷感慨被"文具刺客"击中;还有些高价文具价格标签玩失踪,让家长中招。文具贵在实用,徒有其表,会让人觉得这"笔账"花得不划算。(2022年8月29日《北京晚报》)｜继"雪糕刺客"之后,"文具刺客"再次成为舆论焦点。过去几元钱就能买到的铅笔、中性笔,现在动辄几十元、上百元,让许

多家长直呼"肉疼"。(2022 年 8 月 29 日《北京青年报》)

【文字讨好症】 wénzì tǎohǎozhèng 线上聊天时,字斟句酌地修改文字,以使对方看到后感觉很舒服。比如将"好的"说成"好哒""好滴","嗯"说成"嗯嗯""嗯呢","来了"说成"来啦""来嘞"。这种"讨好"的表现,叫作"文字讨好症"。例"文字讨好症"的出现表明社会经济发展速度快,大家工作压力大,很多情况下无法当面沟通工作生活,大多数是通过网络方式实现。(2022 年 10 月 25 日《工人日报》)｜最近,脱口秀演员"文字讨好症"的说法引发不少网友共鸣,即人们在线上用文字聊天时,会字斟句酌地修改词汇,习惯性地加一些语气词,显示出自己是在积极回复对方,让对方看起来更舒服。(2022 年 11 月 9 日《南方日报》)

【稳岗留工】 wěngǎng liúgōng 指以一定的奖励措施引导农民工等务工人员留在当地安心过年,稳定企业用工岗位。2021 年 1 月 16 日,人力资源社会保障部等七部门发表"迎新春送温暖、稳岗留工"专项行动。也称"留工稳岗"。例 1 月 26 日,人社部就业促进司司长张莹表示,人社部等 7 部门开展了"迎新春送温暖、稳岗留工"专项行动。此外,很多地方采取了针对性措施,如发放资金补贴、租房补贴,为就地过年务工人员发放消费券、减免景区门票、安排文化旅游活动等。(2021 年 1 月 28 日《中国青年报》)｜为支持企业稳岗促产,昆山拿出实招硬招,以"真金白银"支持企业稳岗留工。(2021 年 2 月 5 日《中国青年报》)

2021 年 1 月 16 日,人力资源和社会保障部等七部门印发通知,在 1 月 21 日至 3 月底期间,在全国开展"迎新春送温暖、稳岗留工"专项行动,鼓励企业发放"留岗红包""过年礼包"等,让务工人员留在就业地安心过年,为重点企业和其他春节期间有用工需求的用人单位提供用工保障,组织农村劳动力春节后有序外出务工,确保员工健康安全、企业生产有序、就业形势总体稳定。

【问海 1 号】　Wènhǎi yīhào　我国第一台交付工程应用的具备 6000 米级别自主遥控机器人。例据科研人员表示,"问海 1 号"是中科院沈阳自动化研究所为中国地质局所定制研发的 6000 米级深海探测机器人,它具备了一体化高技术装备、大范围自主巡航、定点遥控取样等先进的技术,同时它还支持了自主、遥控、混合,三合一的工作模式。(2022 年 7 月 20 日网易网)｜在本航次,"问海 1 号"累计完成 17 个潜次,在无缆模式下,单潜次最大连续航行时间 21 小时,最大航程可达 45 公里。(2022 年 7 月 21 日新浪网)

【问天舱】　Wèntiān Cāng　名词。同"问天实验舱"。例根据任务安排,2022 年将组织实施空间站问天舱、梦天舱、货运补给、载人飞行等 6 次飞行任务。(2022 年 3 月 12 日人民网)｜次日,问天舱、天和舱"双舱"合璧舞九天。(2022 年 7 月 26 日《中国青年报》)

【问天实验舱】　Wèntiān Shíyàncāng　中国空间站的第二个舱段,也是第一个科学实验舱,由工作舱、气闸舱和资源舱组成。"问天"之名取自屈原楚辞《天问》,用以展现叩问苍穹寻求真理的心愿与决心。北京时间 2022 年 7 月 25 日 3 时 13 分,问天实验舱成功对接于天和核心舱前向端口。北京时间 2022 年 9 月 30 日 12 时 44 分,问天实验舱完成转位。

2022 年 10 月 12 日,航天员首次在问天实验舱内进行授课。例我国载人航天空间站工程将完成问天实验舱、梦天实验舱、神舟载人飞船和天舟货运飞船等 6 次重大任务。(2022 年 3 月

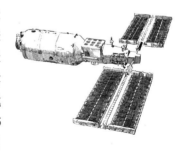

4 日《中国青年报》)｜长征五号 B 遥三运载火箭搭载中国空间站问天实验舱在文昌航天发射场顺利升空。(2022 年 7 月 25 日《中国青年报》)

【我 emo 了】　wǒ emo le　网络用语。指我情绪上来了。多用于自嘲。emo 是英文 emotional 的缩写,意为感情的、情绪的。例所以"我 emo 了"可以理解为"我颓废了""我抑郁了""我傻了""我非主流了"。(2021 年 8 月 9 日中国日报网百家号)｜铺天盖地的"破防"没火多少时候,网友们的口头禅迅速迭代,"emo"成了年轻人的新宠。"我 emo 了"一下子成了万用语句,四六级过不了线、工作一直加班怎么都忙不完……任何不顺心的事都可以"emo"一下。(2021 年 10 月 12 日《扬子晚报》)

【我的眼睛就是尺】　wǒde yǎnjīng jiùshì chǐ　短道速滑前国家队成员王濛解说短道速滑比赛时,两名选手以极接近的成绩到达终点,在没有回放慢镜头时,王濛就确认其中一名选手胜出,说:"不用看回放,我的眼睛就是尺!"表现出非常准确的专业判断以及高度的自信。王濛对自己专业素养的评价,因尺有丈量之意,故称。例"不用看回放,我的眼睛

知识窗

相关词语

就是尺,肯定赢了!"(2022 年 2 月 6 日《新民晚报》)｜新晋解说"大魔王"王濛金句频现,一句出圈的"我的眼睛就是尺"令人难忘。(2022 年 2 月 18 日《中国青年报》)

【五有一网格】　wǔyǒu yīwǎnggé　新冠疫情的防控措施。"五有"指有疫情防控指南,有防控管理制度和责任人,有适量防疫物资储备,有属地医疗卫生力量指导支持,有隔离场所和转运安排等措施;"一网格"指一种网格化管理措施,乡镇(街道)、村(社区)划分成单元网格,组织人员到户、到人,加强巡回督查,发现异常情况及时了解核实和报告。例本市要认真落实国务院联防联控机制提出的"五有一网格"防控要求,即各社会单位、企业、乡镇(街道)、村(社区),有疫情防控指南、有防控管理制度和责任人、有适量防护物资储备、有属地医疗卫生力量指导支持、有隔离场所和转运安排准备等措施,实施网格化管理。(2021 年 1 月 14 日《北京晚报》)｜要突出抓好农村地区疫情防控,全面落实"五有一网格",细化实化具体化返乡人员管理和农村聚集性活动管控措施,加强农村地区疫情监测,倡导移风易俗,筑牢群防群控严密防线。(2021 年 1 月 24 日《新华日报》)

X

【羲和号】　Xīhé Hào　名词。太阳 Hα 光谱探测与双超平台科学技术试验卫星。中国第一颗太阳探测科学技术试验卫

星。"羲和"是中国上古
神话中的太阳女神与制
定时历的女神,以此命
名寓意中国对太阳探索
的缘起与拓展。例"羲
和号"发射成功,标志着我国自主研发的超高指向精度、超高
稳定度"双超"卫星结构平台顺利进入应用阶段。(2021 年
10 月 15 日《人民日报》)｜在前不久我国发射的首个太阳探
测器羲和号,虽然具有开启中国空间"探日"的首创意义,但
同样属于空间探测中的小项目。(2021 年 10 月 26 日《南方
日报》)

📖 2021 年 10 月 14 日,我国在太原卫星发射中心采用长
征二号丁运载火箭将"羲和号"成功发射。"羲和号"运行于
高度为 517 公里的太阳同步轨道,主要科学载荷为太阳空
间望远镜。它将实现国际首次太阳 Hα 波段光谱成像的空
间探测,填补太阳爆发源区高质量观测数据的空白,提高我
国在太阳物理领域的研究能力。

【洗房】　xǐfáng　动词。夫妻一方变卖对方婚前已购房产,合
买新的房产后提出离婚,分割走对方财产。仿"洗钱"造词。
例最近,上海出现了一个新名词——"洗房"。(2022 年 9
月 14 日新浪网)｜现实中,有人将上述现象戏称为"洗房"。
(2022 年 11 月 7 日《宁波日报》)

 洗档案　洗权　洗稿

【县域城镇化】　xiànyù chéngzhènhuà　我国推进新型城镇
化的关键措施,在县域范围内就近就地城镇化。例据第五

次全国人口普查和第六次全国人口普查的相关数据,各省区的县域城镇化水平也低于省区的平均水平。(2022 年 4 月 16 日《光明日报》)｜在发展县城、推进县域城镇化的过程中,要实现以城镇化推进现代化。(2022 年 8 月 8 日《新京报》)

【县域医共体】　xiànyù yīgòngtǐ　"县域医疗服务共同体"的简称。以县级医院为龙头,整合县乡医疗卫生资源,实施集团化运营管理。例依托紧密型县域医共体平台,优质医疗"基层化",切实减轻了患者的医疗费用负担。(2022 年 1 月 20 日《南方日报》)｜文件要求,县域医共体牵头的县级医院要在 12 月底前做好重症医疗资源准备。(2022 年 12 月 13 日《中国青年报》)

【线上演唱会】　xiànshàng yǎnchànghuì　通过互联网传播的演唱会,观众可在线上同步观看直播或回放录像的演唱会。例最近,多场线上演唱会引爆社交网络,在释放满满怀旧感之余,也为我们提供了观察时代变化新的切片。(2022 年 7 月 11 日《光明日报》)｜线上演唱会有效弥补了这些缺憾,成为更加高效、便捷、经济的观演新形态。(2022 年 9 月 10 日《经济日报》)

【献词团】　xiàncítuán　名词。以朗诵形式献上致敬词的团队。例当中国传媒大学播音与主持艺术专业的大三学生冯琳,领诵出第一句献词时,来自北京大中小学青少年组成的千人献词团,亮相于全国人民面前。(2021 年 7 月 1 日《北京晚报》)｜四名领诵员和千人献词团队,重要的不在于他们是谁,而是他们代表着新时代的中国青少年。(2021 年 7

月 9 日《中国青年报》）

【消费刺客】　xiāofèi cìkè　消费者购物时遇到的"价格刺客"。见"价格刺客"。例继"雪糕刺客"后，各种"消费刺客"不断出现。(2022 年 8 月 4 日人民网）｜"消费刺客"潜藏在各类商品里，冷不防刺了消费者一剑。(2022 年 9 月 16 日《北京青年报》）

【小阳人】　xiǎoyángrén　名词。对新冠病毒感染者的谑称。因新冠病毒核酸检测结果为阳性，故称。例这些人是新冠阳性感染者，是确诊者，是患者，不是什么"小阳人"，更不是被矮化、被歧视下的"羊"。(2022 年 5 月 10 日《新京报》）｜希望同样成为"小阳人"的朋友不要过分害怕担心，只要充分准备、对症服药、好好休息，一定能很快康复。(2022 年 12 月 9 日湖南日报　百家号）

【*小作文】　xiǎozuòwén　名词。网络用语。本指篇幅较短的作文，现也指社交网络中长篇大论的文案。例在步入 35 岁的第一天，他用一段"小作文"总结了自己的职业生涯。(2022 年 4 月 3 日《北京晚报》）｜在网络发表"小作文"，就是在公共空间发言，发言者需要对言论的真实性、合法性负责。(2022 年 9 月 8 日《北京青年报》）

【芯片法案】　xīnpiàn fǎ'àn　❶《欧洲芯片法案》的简称。2022 年 2 月 8 日由欧盟委员会公布。英文为 The European Chips Act。例欧盟委员会 8 日公布《芯片法案》，希望通过增加投资、加强研发，扩大欧盟芯片产能在全球市场占比。(2022 年 2 月 10 日《人民日报》）｜11 月 23 日，欧盟同意为欧洲《芯片法案》提出振兴欧洲半导体制造业的计划提

知识窗

相关词语

供配套资金 430 亿欧元,较此前计划缩水 20 亿欧元。(2022 年 11 月 29 日《经济日报》)❷《2022 年芯片和科学法案》的简称。2022 年 8 月 9 日由美国总统拜登签署。英文为 CHIPS and Science Act of 2022。例美国政府对内强推"芯片法案",对外则联手日本、韩国和中国台湾地区,意图打造所谓"四方芯片联盟"。(2022 年 7 月 28 日《中国青年报》)｜有研究指出,美国建立完全自给自足的本地半导体供应链需要至少 1 万亿美元的前期投资,而"芯片法案"直接投向制造领域的 500 多亿美元预算对半导体行业而言可谓杯水车薪。(2022 年 8 月 6 日《经济日报》)

【芯片四方联盟】　Xīnpiàn Sìfāng Liánméng　指美国为了掌握全球芯片供应的主导权,拉拢日本、韩国及中国台湾地区的芯片制造商,由四方共同组建的所谓联盟。例美国还试图借助外部力量,邀请日本、韩国等组建"芯片四方联盟"。(2022 年 5 月 18 日《光明日报》)｜与积极响应的日本和台湾地区不同,韩国对加入所谓"芯片四方联盟"犹豫不决,一直没有给予肯定答复。(2022 年 7 月 28 日《中国青年报》)

【新八级工】　xīn bājígōng　指由"学徒工、初级工、中级工、高级工、技师、高级技师、特级技师、首席技师"构成的新型职业技能等级序列。例此次构建"新八级工",是为进一步改善技能人才职业前景、激励更多劳动者依靠技能成长成才。(2022 年 2 月 1 日《北京晚报》)｜如今,即将实施的"新八级工"制度,就是在"五级工"制度的基础上进行了完善和升级。(2022 年 5 月 24 日《光明日报》)

【新风 2021】　xīnfēng 2021　由我国"扫黄打非"办公室部署

安排,以"护苗2021""净网2021""秋风2021"专项行动为开展平台,大力扫除淫秽色情低俗、暴力恐怖迷信等有害信息和出版物,深入打击假媒体假记者站假记者及侵权盗版等违法违规活动。由我国"扫黄打非"办公室安排部署。因该项行动于2021年3月发起,旨在给网络空间带来清新风气,故称。例全国"扫黄打非"办公室近日做出安排部署,即日起至11月底开展"新风2021"集中行动,大力扫除淫秽色情低俗、暴力恐怖迷信等有害信息和出版物,深入打击假媒体假记者站假记者及侵权盗版等违法违规活动,积极营造健康向上的社会文化环境。(2021年3月20日《人民日报》)|推进重点互联网企业专设"护苗"工作站点是今年"扫黄打非·新风2021"集中行动的重要内容。(2021年6月2日《新华日报》)

【新冠病毒传染病】 xīnguānbìngdú chuánrǎnbìng 2022年12月26日,国家卫生健康委员会发布公告将新型冠状病毒肺炎更名为新冠病毒传染病。例中华中医药学会感染分会达成共识,把新冠肺炎改称为新冠病毒传染病。(2022年12月8日《北京晚报》)|根据扩展后的保险责任,新冠病毒传染病重型和危重型确诊标准以中华人民共和国境内(不包括港、澳、台地区)二级(含)及以上公立医院或卫生健康委员会指定的法定传染病诊治定点医院出具的诊断证明、病历、出院小结等为准。(2022年12月15日《新京报》)

【新冠后综合征】 xīnguānhòu zōnghézhēng 同"长新冠"。例有研究发现,接种过疫苗后,即便发生突破性感染,患新冠后综合征的风险也大幅降低。(2022年3月17日腾讯网）｜国内外报道新冠后综合征最常见症状及体征包括疲劳、注意力不集中、腹痛、味觉/嗅觉障碍、睡眠障碍、肌/关节痛等,新生儿与成人相似。(2022 年 12 月 12 日新华报业网)

【新冠通行证】 xīnguān tōngxíngzhèng 针对新冠疫情的防疫管制,获准在管制区域或特定的机关、单位自由进出的凭证。例欧盟日前宣布,将于 7 月 1 日开始推行"新冠通行证",以方便成员国公民在欧盟境内自由流动。(2021 年 4 月 14 日《北京晚报》)｜所谓新冠通行证是指 3 种证书,即接种了欧盟认可的新冠疫苗的接种证书、核酸检测阴性证书、感染新冠病毒后的康复证书。(2021 年 6 月 24 日《北京青年报》)

【新基建 2.0】 xīnjījiàn 2.0 指包含科技创新领域、重大民生领域和制度改革领域的基础设施。不同于包含铁路、公路、桥梁和机场等的"新基建 1.0"。例任泽平首次提出了"新基建 2.0"概念,称与新基建 1.0 侧重于"建"不同,新基建 2.0 将更强调"用","支撑未来中国经济社会繁荣发展"。(2022 年 6 月 19 日新浪网)｜在新 IT 引领产业智能化转型,提升产业数字化水平过程中,科技新基建将成为新基建 2.0 时代的价值高地。(2022 年 10 月 18 日腾讯网)

【*新疆棉】 xīnjiāngmián 名词。本指产自新疆的优质棉花。现特指 2021 年 3 月以来,某些西方国家以"强迫劳动"为由抵制购买、使用新疆棉花的舆论造势运动。例3 月下旬,"新疆棉"事件发酵后,部分国际品牌潮鞋市场遇冷,很多炒鞋客便将手伸向了国产品牌,有的国货品牌瞬间"身价倍增"。(2021 年 4 月 13 日《中国青年报》)｜新疆棉等事件的出现,影响了年轻人的消费意识,选择正在崛起的"国潮"而非盲目追捧存在溢价的一些外国品牌,也就成为理性思考之后的不二选择。(2021年8月4日《中国青年报》)

【新能源人】 xīnnéngyuánrén 指新冠病毒核酸检测常态化期间,每隔一段时间必须做核酸检测的人。就像新能源汽车必须定期充电一样,故称。例就好像新能源汽车上路需要保证自身电量充足一样,我们出行则是需要保证自己的核酸报告有效,因此就有了"新能源人"一词。(2022年7月31日"辅导员说"公众号〔ID:sspufdys〕)|广州市民最近都变身核酸"新能源人",每天坚持核酸只为保住绿码!(2022年11月14日"羊城交通广播电台"公众号〔ID:TRAFFIC1052〕)

【新新农人】 xīn xīnnóngrén 指具备高学历,懂经营懂管理,来自乡镇、农村地区,成长于移动互联网时代的"90后""00后"群体。对于"90后"群体也称其为"新农人"。例12月2日,拼多多发布了《2021新新农人成长报告》。报告显示,在拼多多平台上,1995年之后出生的"新新农人"已经成为推动农产品上行的崭新力量。(2021年12月3日央广网)|与父辈相比,"新新农人"不仅对电商、直播等创新模式具备先天的敏感度,而且同样对农业、农村怀有深厚的个人感情。(2021年12月6日《新民晚报》)

【新型实体企业】 xīnxíng shítǐ qǐyè 指通过技术创新,获得不可替代的、独特的数字能力,从而有效提高整个供应链效率,并带动供应链上下游的企业实现数字化转型和网络化、智慧化发展的实体企业。例京东作为兼具实体企业属性和数字技术能力的新型实体企业,注重充分利用技术创

新和外溢效应,带动供应链、产业链上下游企业实现数字化转型升级,助推实体经济高质量发展。(2022 年 2 月 15 日《人民日报》)|为巩固提升我国数字经济的全球竞争力,建议有关部门加大力度,支持具备强大数字技术能力和实体属性的"新型实体企业"发展。(2022 年 3 月 10 日《人民日报》)

【幸龄】　xìnglíng　名词。幸运的高龄。一般指 80 岁以上。源自日本精神科医生和田秀树的《80 岁的墙》。例 和田医生提倡把 80 岁以上的老人称为"幸龄者",而不是"高龄者"。(2022 年 10 月 11 日经济观察报 百家号)|和田医生将 80 岁高龄的老人成为"幸龄者"的秘诀总结为"44 句话"。(2022 年 10 月 11 日经济观察报 百家号)

【虚拟人】　xūnǐrén　名词。同"数字人"。例 所谓的虚拟人,就是以数字形式存在的,拥有人的外观、特点、行为,依赖显示设备展示的虚拟形象。(2022 年 2 月 18 日《南方日报》)|人们通过视觉传达和动作表达,能控制虚拟人的表情和动作,虚拟人在屏幕里实时"一丝不苟"地模仿复制出另一个"我"。(2022 年 5 月 17 日《中国青年报》)

【虚拟手办】　xūnǐ shǒubàn　同"数字手办"。例 近日,漫画IP《镇魂街》和游戏《旅行青蛙》纷纷推出虚拟手办,引发热议,甚至有网友吐槽"花钱买了个寂寞"。(2021 年 9 月 29 日《北京青年报》)|虚拟手办是不是智商税不能一概而论,关键在于它有没有提供自己的独特价值。(2021 年 9 月 30 日《南方日报》)

【序贯免疫】　xùguàn miǎnyì　一项免疫策略。指将不同技术路线的疫苗按照一定的接种时间间隔和剂次进行接种，以进一步提高预防效果。例对于变异性强又很难对付的病毒，经常采用序贯免疫的方式接种。(2022年2月20日《北京晚报》)｜在科学预防上，目前需要研发出新的新冠疫苗以及进行合理序贯免疫。(2022年6月11日《南方日报》)

【**选择性退休**】　xuǎnzéxìng tuìxiū　在区分可退休年龄与正常退休年龄的前提下，个人在退休年龄、领取养老金的年龄、领取养老金的比例、继续就业等方面可以综合自身情况自主选择。例"选择性退休"的实质是把退休年龄选择的自主权交给个人，同时通过养老金调整机制强化对个人自主选择"延迟退休"的有效激励。(2021年2月27日《北京日报》)｜迟福林同时建议，在高技能、高人力资本行业率先推行自主选择性延迟退休，并实行男女有别的选择性退休年龄区间和推进实施延迟退休年龄的时间表。(2021年3月22日《中国青年报》)

【**学转非**】　xué zhuǎn fēi　学科类的培训机构变更为非学科类的培训机构。例为进一步加强校外培训机构的全面规范管理，"学转非"和现有的非学科类校外培训机构将于11月底，全部调整至体育、科技和文广旅部门，严格落实分类管理目标。(2021年11月10日央广网)｜"营转非""学转非"工作是"双减"工作中的重要内容，是规范校外培训市场、保障群众利益的有效举措之一。(2021年11月10日央广网)

【**雪飞燕**】　xuěfēiyàn　名词。"国家高山滑雪中心"的昵称。因其从上到下的落差较大，远远望去就像一只振翅欲飞的

知识窗

相关词语

燕子,故称。例"雪飞燕"是国内首个符合冬奥标准的高山滑雪比赛场地。(2021 年 3 月 2 日《中国青年报》)|跟着航拍镜头

俯瞰北京延庆小海陀山,国家高山滑雪中心的 7 条雪道沿着山势盘旋,整体轮廓宛若一只振翅欲飞的"雪飞燕"。(2021年 3 月 4 日《人民日报》)

【雪糕刺客】 xuěgāo cìkè　网络用语。指天价雪糕。因在冰柜里没有标明价格,却在结账时以其高昂价格给顾客"致命一击",故称。见"价格刺客"。例雪糕没有价签也不标价格,消费者结账时才发现特别贵,戏称其为"雪糕刺客",寓意一不小心就可能被它刺中钱包。(2022 年 7 月 4 日《北京晚报》)|有网友认为,"雪糕刺客"之所以存在,是因为很多雪糕批发店以及街边商铺、便利店没有明码标价。(2022 年 7月 7 日《北京青年报》)

【雪晶宫】 xuějīnggōng　名词。"北京冬残奥会延庆赛区颁奖广场"的别称。因其场馆顶棚的设计在整体上就像是雪花与冰晶组成的宫殿,故称。例顶棚上的 94朵钢铁"雪花",以及场馆内的大幅面玻璃幕墙,把

延庆冬残奥颁奖广场装扮成一座晶莹剔透的"雪晶宫"。(2022 年 3 月 2 日《北京晚

报》）｜技术保障团队负责场馆内信息、通信、有线电视、网络安全、音视频、无线电管理等关键技术的服务与保障,是"雪晶宫"稳定运行背后默默无闻的守护者。(2022 年 3 月 12 日《北京晚报》)

【雪游龙】 xuěyóulóng 名词。"国家雪车雪橇中心"的昵称。因其设置了角度和坡度不同的弯道,俯瞰下去正如一条蜿蜒的游龙盘踞在山脊之上,故称。 例我们再从北京市区来到远郊的延庆,这里拥有一条壮美的雪车雪橇赛道——雪游龙。(2021 年 10 月 27 日《中国青年报》)｜两次获得冬奥金牌的美国女子雪车运动员凯莉称赞:"'雪游龙'赛道太棒了,冰面情况非常好,是绝佳的比赛场地。"(2021 年 10 月 27 日《中国青年报》)

【巡天号光学舱】 Xúntiān Hào Guāngxuécāng 中国第一个大口径、大视场空间天文望远镜。又称"巡天号空间望远镜""墨子"。巡天意为在天空巡游,出自毛泽东的诗句:"坐地日行八万里,巡天遥看一千河。"例巡天号光学舱设计用于巡天,它的有效视场大约为 1.1 平方度,比欧几里得望远镜和罗曼望远镜都大,更是哈勃望远镜有效视场面积的约 300 倍。(2022 年 3 月 14 日"澎湃新闻"客户端)｜巡天号光学舱有望在宇宙结构形成与演化、暗物质和暗能量以及系外行星和太阳系天体等方面取得重大研究成果。(2022

年 4 月 18 日网易网）

Y

【**yyds**】　网络用语。"永远的神"汉语拼音首字母缩写,用于表达对某人的高度敬佩和崇拜。也写作"YYDS"。例《觉醒年代》虽已完结,但它带给观众的感动仍在持续。不少年轻人为它"二刷""三刷",并在社交平台和弹幕区留下"yyds(永远的神)"等留言,希望更多人关注到《觉醒年代》,关注到北大红楼的历史故事。(2021 年 7 月 24 日《新京报》)｜这几天,奥运健儿隔离生活中的照片和视频,让不少网友情不自禁地把"yyds"(永远的神)源源不断送给他们。(2021 年 8 月 14 日《新民晚报》)

【**研考**】　yánkǎo　名词。"全国硕士研究生招生考试"的简称。例新冠肺炎疫情对研考的影响始终没有停歇过。(2022 年 4 月 25 日《中国青年报》)｜如何看待 2023 年研考新趋向?(2022 年 10 月 11 日《光明日报》)

【**阳过**】　yángguò　动词。网络用语。指曾感染过新冠病毒。因感染新冠病毒后抗原检测或者核酸检测结果为阳性,谐音"杨过"(金庸武侠小说《神雕侠侣》中的主人公),故称。例"阳过"不是错误,甚至还有可能是处于风险岗位的防疫英雄的工伤记录。(2022 年 7 月 17 日《经济日报》)｜一周以来,第一批感染者陆续痊愈,"阳过"们到底经历了什

么？(2022 年 12 月 19 日《新民晚报》)

【**阳康**】 yángkāng 动词。网络用语。指感染新冠病毒后康复。因谐音"杨康"(金庸武侠小说《神雕侠侣》中的人物)，故称。例更有网友借助武侠小说里的人物，以今日"阳过"、明日"阳康"互相鼓励。(2022 年 12 月 15 日《北京晚报》)｜随着时间延长、免疫力下降，"阳康"有可能感染其他变异株。(2022 年 12 月 30 日《新民晚报》)

【**养号控评**】 yǎnghào kòngpíng 指专门注册账号，用非常规手段提高其等级及活跃度，并通过这些账号刷高网文阅读量、点赞数或发布虚假不实评论等。是一种弄虚作假的行为。例据新华社报道，靠"养号控评"虚增流量的灰黑产业链，现在已经大行其道，看似操作简单、小打小闹的虚假流量"生意"，整体规模已达千亿之巨，遍及各大互联网平台。从浏览量、点赞量到交易量，一切皆可"刷"，破坏了互联网生态和社会经济秩序。(2021 年 1 月 21 日《北京青年报》)｜通过 APP 收集闲散用户流量，靠"养号控评"虚增流量。(2021 年 2 月 3 日《人民日报》)

【**养码**】 yǎngmǎ 动词。为了让健康码恢复为绿码(表示无异常)，而去往低风险地区居住。也称"洗码"。例 11 月 12 日，北京宣布启动滞留京外人员专项救济，受到进京人群特别是"养码"群体的高度关注，也让"养码人"为大众所知。(2022 年 11 月 18 日新浪网)｜网上开始出现一些关于"养码"的段子，一份由网友写的"全国养码指数发布"的截图在流传。(2022 年 11 月 18 日新浪网)

 相关词语见"保码"。

知识窗 相关词语

【液态职场】 yètài zhíchǎng　如同液体可以不断变换形状那样，实现雇主与雇员间关系动态平衡的新型职场状态。由智联招聘在"2021 中国年度最佳雇主"评选活动中提出。例对于年轻人来说，在液态职场中潜心培养自己的核心竞争力，做一颗有能量的"水滴"尤为重要。（2021 年 11 月 9 日腾讯网）｜与"固态职场"相比，"液态职场"的企业文化更具包容共鸣的特点。（2021 年 12 月 6 日新浪网）

【一米线】 yīmǐxiàn　名词。用以维护公共秩序、保持公众距离的标准线。例鼓楼东大街的一家馒头店一直颇受市民追捧，去年 2 月，本报记者探访时发现，门外顾客虽多，大家却都按照"一米线"排队购买，还有店员在门口对排队进行指导。（2021 年 1 月 11 日《北京晚报》）｜下沉社区期间，警察们始终身姿挺拔、目光坚定，满怀热情地协助社区工作人员维持检测秩序，完成转运、领防疫物资、标记核酸检测一米线等工作。（2021 年 10 月 4 日《经济日报》）

【一密】 yīmì　名词。"一级密切接触者"的简称。指新冠确诊患者的密切接触人员。也称"密接"。例截至 1 月 11 日 24 时，铁西区有确诊病例 7 例，确诊病例各级密切接触者 3315 人。其中：一密 329 人、二密 892 人、三密 2094 人。（2021 年 1 月 12 日《沈阳日报》）｜对密切接触者（一密）再增加一次核酸检测，结果为阴性后解除隔离，并进行 7 天居家健康监测。（2021 年 5 月 27 日腾讯网）

【一整个爱住】 yīzhěnggè àizhù　网络用语。表示对某事物特别喜欢；它的方方面面都喜欢。例把故宫搬到长宁！虹桥南丰城里的年味怪兽让人一整个爱住。（2022 年 1 月

23 日新闻晨报 百家号）| 沉浸式驻场京剧《一丈青》一整个
爱住了！（2022 年 8 月 30 日"澎湃新闻"客户端）

【*医药包】　yīyàobāo　名词。新冠疫情防控期间，为特殊困
难群体和重点人群免费配送的常用医药用品包。例一条缆
绳在岳阳舰和被护船舶"海澜之旅"号散货船上撑起，装有多
种药品的医药包顺着绳索被缓缓送出。（2022 年 8 月 1 日
《南方日报》）| 为确保安全，工作人员在递上医药包之后，都
会耐心细致地为老人讲解医嘱，并叮嘱他们疫情期间要做
好自我防护，不聚集，勤洗手，并建立 24 小时紧急联系电话，
确保受助及时。（2022 年 12 月 15 日中国新闻网 百家号）

【医媛】　yīyuàn　名词。同"病媛"。例在"佛媛"一词火起来
后，"小明的医路日常"将封面文字替换成了"病媛又平，医媛
又起"，疑似想要蹭流量。（2021 年 10 月 5 日腾讯网）| 为
流量炒作"医媛"，网红为了涨粉真是太拼了，也是太无下限，
反而让人反感。（2021 年 12 月 18 日搜狐网）

相关词语见"病媛"。

【以岗留工】　yǐgǎngliúgōng　指保持稳定的劳动关系，吸引
员工留在当地，减少人员流动。例企业应科学制定春节前
后生产计划，协同产业链上下游，以岗留工、以薪留工。
（2021 年 1 月 11 日《北京青年报》）| 北京鼓励企业根据运
营计划和员工意愿出台激励措施，以岗留工、以薪留工，引导
员工在京过年。（2021 年 1 月 28 日《中国青年报》）

【以数治税】　yǐshùzhìshuì　构建全国统一的税收大数据云
平台，以实现税务分类精准监管。例深入贯彻"以数治税"
理念，不仅意味着税费数据的集成管理，也包括跨部门之间

的信息数据联动共享。(2021年8月23日《南方日报》)｜近年来,税务部门不断强化信息技术应用,持续加强信息系统建设,深入推进以数治税,进行了有益的探索与实践。(2021年9月14日《人民日报》)

【以薪留工】　yǐxīnliúgōng　指按照劳动合同约定支付正常工资,吸引员工留在当地,减少人员流动。例强政策留岗,引导企业合理安排生产、错峰放假调休、以岗留工、以薪留工。(2021年1月18日《北京晚报》)｜众多企业积极响应,纷纷出台暖心举措,"以岗留人、以薪留工"。(2021年2月9日《人民日报》)

【易货师】　yìhuòshī　名词。从事非货币互换货物和服务的专业人员。2021年3月,入选人社部发布的新职业信息名单。例据介绍,专业"易货师"能系统运用资源整合理论,促进产、供、销和谐分配和优化资源,有效解决产品迟销、滞销、停销问题,是易货企业所急需的新兴复合型人才。(2021年3月19日《光明日报》)｜日前,人社部会同国家市场监管总局、国家统计局正式发布企业合规师、易货师、服务机器人应用技术员、电子数据取证分析师、碳排放管理员等18个新职业信息。(2021年3月20日《人民日报》)

【疫苗巴士】　yìmiáo bāshì　新冠疫苗流动接种车。例为早日实现70％的疫苗接种率,"疫苗巴士"计划应运而生。(2021年10月18日《人民日报》)｜如遇紧急情况,"疫苗巴士"可被快速部署到疫情高风险地区。(2021年10月18日《人民日报》)

【疫苗鸿沟】　yìmiáo hónggōu　全球新冠疫苗分配极度不平

等,数量过剩与一剂难求并存的现象。例在全球抗疫亟须强化国际合作的关键时刻,世界各国尤其是大国要树立你中有我、我中有你的命运共同体意识,坚持多边合作,团结抗疫,推动疫苗得到公平分配,弥合"疫苗鸿沟"。(2021 年 4 月 1 日《光明日报》)｜当前,新冠肺炎疫情仍在肆虐,病毒变异加快,疫苗鸿沟加剧,全球经济复苏步履维艰,贫富差距进一步拉大。(2021 年 7 月 5 日《人民日报》)

【疫苗互认】　yìmiáo hùrèn　指互相承认对方国家或地区疫苗接种的有效性。例希腊正在紧锣密鼓地与目标国家开展双边谈判,开展疫苗互认、建立旅游通行走廊,力争在欧盟"大动脉"层面之外率先疏通部分国家间游客自由流动的"毛细血管",以把握今夏旅游旺季市场机遇。(2021 年 4 月 3 日《经济日报》)｜习近平主席郑重提出了"全球疫苗合作行动倡议",包括支持同发展中国家联合研发,加大向发展中国家提供疫苗,依据世界卫生组织疫苗紧急使用清单推进疫苗互认等 6 个方面重要举措。(2021 年 11 月 1 日《人民日报》)

【疫苗护照】　yìmiáo hùzhào　受国际认可的新冠疫苗接种证明。例随着疫苗接种在全球范围内推广,是否需要择机推出"疫苗护照"实现安全的跨境人员流动,正在被越来越多的国家提上讨论议程。(2021 年 3 月 11 日《中国青年报》)｜夏天是欧洲传统的旅游旺季,许多民众等不及想出国旅行,德国至今已发出数千万张接种证明,民众可直接用手机扫描转换成欧盟通行的数字疫苗护照。(2021 年 6 月 29 日《新民晚报》)

知识窗

相关词语

【疫苗通行证】 yìmiáo tōngxíngzhèng　完成新冠疫苗全程接种的证明。例欧洲国际政治经济研究中心高级经济学家吉内亚接受本报记者采访时表示,欧盟重新开放文创产业指导方针的发布很有必要,欧盟的资金补助、数字新冠疫苗通行证的实施为防止从业人员大规模流失、推动文创行业复苏提供了条件。(2021 年 7 月 21 日《人民日报》)｜英国卫生专家呼吁政府重新实施"口罩令"或疫苗通行证等措施以避免"封城"等更严厉的限制措施。但首相约翰逊先前表示暂不考虑"封城",即便住院和死亡人数增加。(2021 年 10 月 28 日《新民晚报》)

【疫苗援助】 yìmiáo yuánzhù　将新冠疫苗作为全球公共产品,对全球多国特别是发展中国家提供新冠疫苗。例截至目前,中方向巴基斯坦等 53 个发展中国家提供了疫苗援助,已经并正在向 22 个国家出口疫苗。(2021 年 2 月 25 日《中国青年报》)｜中方已向非洲的赤道几内亚、津巴布韦援助疫苗,下一步将向 19 个有需要的非洲国家提供疫苗援助,未来还将向更多非洲国家援助疫苗。(2021 年 2 月 25 日《北京青年报》)

【印太经济框架】 Yìn-Tài jīngjì kuàngjià　美国拜登政府主导成立的亚太经济伙伴关系,是其"印太战略"的经济支撑和政策工具。2022 年 5 月 23 日在东京成立,成员包括美、日、印、澳"四方安全对话"的四国,以及韩国、菲律宾、新加坡、泰国等共计 14 国。也称"印太经济架构"。例从拜登的言语中就可以看出,虽然"印太经济框架"被称为拜登政府"最重要的亚太经济战略",但人们从中看到的更多是浓厚的政治意味。(2022 年 5 月 26 日《中国青年报》)｜近期美国政府出台的《2022 年芯片与科学法案》将对全球半导体供应链造成巨大扭曲,"印太经济框架"将扰乱正常的国际贸易秩序,预计信息服务和全球数字化进程将受到影响。(2022 年 8 月 26 日《经济日报》)

【鹰击-21】　Yīngjī -21　中国研制的高超音速反舰弹道导弹。例香港《南华早报》近日称,在海军节来临之际,中国首次公布了"鹰击－21"高超音速导弹。(2022 年 4 月 23 日枢密院十号　百家号)｜"鹰击－21"在末端攻击阶段的速度可以达到惊人的 10 马赫——相当于 10 倍音速。(2022 年 11 月 11 日光明网　百家号)

【赢麻了】　yíngmále　网络用语。表示赢过很多,已经习以为常了。例不仅上半年的新能源汽车市场成绩表现不错,6 月新能源汽车市场同样"赢麻了"。(2022 年 7 月 27 日《北京青年报》)｜"《人世间》赢麻了!"播出近一年后,"金鹰奖时刻"的降临,把无数观众的记忆重新带回"光字片"——从东北某省会城市"光字片"走出的一群人,在时代巨力的推转下,跌跌撞撞地寻求心中的理想生活。(2022 年 11 月 8 日《新华日报》)

【忧婚族】　yōuhūnzú　名词。对高婚育成本而感到忧虑的青年人。例一位受访青年说:"在大城市,年轻人只有两类,有房的和无房的。无房的人怎么能拥有美好的爱情呢?"这句自嘲,代表了一部分"忧婚族"的心理。(2021 年 10 月 8 日《光明日报》)｜对于"忧婚族"来说,要设置合理的自我期许和择偶标准,不跟风、不攀比,摆平心态,立足现实,重视婚姻对双方精神滋养的价值,如重视双方价值观的契合、兴趣和性格相投等标准,勇敢追寻属于自己的美好爱情。(2021 年 10 月 8 日《光明日报》)

【油茅】 yóumáo　名词。股市中粮油行业的龙头股。一般指金龙鱼粮油食品股份有限公司。因"茅台"在股市中占据龙头地位,故以"×茅"来表示股市某领域的龙头股。例不只是茅台的创新高,部分板块中的"茅台"均有靓丽表现,"油茅"金龙鱼、"眼茅"爱尔眼科、"牙茅"通策医疗、"文茅"晨光文具等个股均创出历史新高。(2021 年 1 月 2 日新浪网)│除了贵州茅台,领涨的股票多是相关行业的龙头股,这些龙头被股民戏称为"奶茅""油茅""水茅""车茅""猪茅"等。(2021 年 1 月 5 日新浪网)

【雨露计划＋】 yǔlù jìhuà ＋　国家就业促进行动,"雨露计划"的加强版。由国家乡村振兴局、教育部、人力资源和社会保障部于 2022 年 6 月起正式启动。例近日,国家乡村振兴局、教育部、人力资源和社会保障部共同启动"雨露计划＋"就业促进行动,升级续写雨露计划的"后半篇"文章,组织开展从教育培训到促进就业的全链条、一体式帮扶,帮助雨露计划毕业生实现更加充分、更高质量的就业。(2022 年 6 月 13 日中国政府网)│山东聊城高新区为巩固拓展脱贫攻坚成果,全面落实"雨露计划＋",确保脱贫家庭中新成长劳动力能够接受职业教育和良好就业,培养壮大乡村振兴的有生力量,2021 年,高新区对符合雨露计划条件的 83 人次给予上学帮扶,补助金额达 12.45 万元。(2022 年 8 月 16 日《中国青年报》)

📖 2022 年 6 月,国务院扶贫开发领导小组办公室决定在贫困地区实施"雨露计划",通过资助、引导农村建档立卡贫困户初中、高中毕业生和青壮年劳动力接受学历教育和技能培训,进一步提高扶贫对象的素质,增加贫困人口收入,增强就业创业能力,加快扶贫开发和贫困地区社会主义新农村建设、构建和谐社会的步伐,实现脱贫致富的扶贫培训计划。

【冤种】　yuānzhǒng　名词。网络用语。指做了傻事的人,多用于自嘲。原为东北方言,指因蒙受冤屈而闷闷不乐的人。也称"大冤种"。例"冤种"一词时下在网络大热,不少网友以"冤种"自嘲,表示自己做了傻事而闷闷不乐,没想到也随手把"冤种"加入到了自己的淘宝账号名里,急得淘宝站出来温馨提示:改名需谨慎,不要让它成为第二滴时代的眼泪。(2022 年 4 月 10 日"长江日报"百家号)│文创铜奔马造型憨态可掬,整体呈绿色,一眼望去,马龇着大白牙,"笑"得非常快乐,被踩着的"飞燕"则翻着白眼,活脱脱一个大"冤种"。(2022 年 7 月 8 日《中国青年报》)

【元宇宙】　yuányǔzhòu　名词。人类运用数字技术构建的,由现实世界映射或超越现实世界,可与现实世界交互的虚拟世界。英文名为 metaverse。源于 1992 年的科幻小说《雪崩》。例 2021 年的互联网投资圈里,"元宇宙"堪称"最靓的崽",百度、腾讯、字节跳动等互联网巨头纷纷加入"元宇宙"赛道,虚拟现实、网络游戏、云计算、超高清视频、数字孪生等多个产业链从中受益。(2021 年 9 月 12 日《北京晚报》)│"元宇宙"需要通过 AR、VR、脑机接口等交互技术,

知识窗

相关词语

提升虚拟世界的沉浸感;需要通过 5G、云计算技术,支撑大规模用户同时在线;需要通过区块链、AI 技术降低内容创作门槛,提升用户参与度,实现"元宇宙"与现实社会高度同步。(2021 年 9 月 12 日《北京晚报》)

【原年人】　yuánnián rén　名词。网络用语。指响应政府号召,减少人员流动,就地过年的人。例随着大数据时代的发展和高铁线路的延伸,人们既可以通过网上团圆化解思乡之苦,即使"原年人"将来变成新年俗,也并不会改变春节团圆的文化传统,只会给春节文化赋予新内涵。(2021 年 2 月 10 日《北京青年报》)|春节不打烊是一场"年货动、人不动"的新春运,很多电商行业的"原年人"坚守在第一线。(2021 年 2 月 26 日《北京晚报》)

【愿检尽检】　yuànjiǎn jìnjiǎn　有意愿进行核酸检测的人都可以到正规医疗机构进行检测。例对"愿检尽检"人群,实行医保和非医保人群分类管理。(2021 年 1 月 30 日《北京晚报》)|全市已确定 40 家可提供 24 小时"愿检尽检"服务核酸检测机构,保证了每个区不少于 2 家。(2021 年 10 月 28 日《北京青年报》)

【愿接尽接】　yuànjiē jìnjiē　有意愿接种新冠疫苗的人都可以到正规医疗机构进行接种。例现实中,对于接种疫苗,不少人都会秉持观望或者拒绝态度,而免费提供,则相当于鼓励人们"应接尽接,愿接尽接"。(2021 年 1 月 1 日《新京报》)|截至 8 月 12 日,中国驻泰国大使馆协调泰国政府已在曼谷、帕塔亚、清迈开设 5 个接种点,单日最高接种能力达 2000 人,包括港澳台同胞在内的 3 万多名在泰同胞成功预

约并陆续完成接种,基本实现"愿接尽接"。(2021 年 8 月 12 日《人民日报》)

【约管】　yuēguǎn　动词。为了避免新冠病毒核酸检测混检出阳性而被隔离,人们事先约定十个绿码的熟人一起做核酸检测。例随着遇到核酸结果出现"十混一"阳性而被临时封控的人群增多,社交媒体上开始流行一个新名词——"约管",即人们为了避免混管呈阳性被隔离,而事先约十个绿码的熟人一起去做核酸的行为。(2022 年 11 月 25 日"健康时报"客户端)│家长担心核酸检测亭 10 人一个混管,万一混阳了影响学生上课,就索性同小区认识的邻居约着一道核酸。"这几天,'约管'在我们小区还蛮普遍的。"家住浦东的林女士说道。(2022 年 12 月 11 日搜狐网)

【云村晚】　yúncūnwǎn　名词。由乡村村民自编、自导、自演的线上文艺晚会。例"云村晚"上,村干部走访贫困户,同村民"围炉夜话",共同谋划村庄未来发展。(2021 年 2 月 10 日《光明日报》)│辛丑年伊始,各地"云春晚""云村晚""云贺岁"等"云上演出"纷纷亮相,内容丰富多彩。(2021 年 3 月 12 日《人民日报》)

知识窗

相关词语

云巴　云仓　云宠　云店　云端　云罐　云轨　云化　云会　云降　云课云链　云拍　云盘　云聘　云签　云券　云商　云赏　云游　云安全　云按揭云霸权　云拜年　云报纸　云办公　云备份　云播放　云博会　云查杀　云出版　云打卡　云打印　云代驾　云电视　云订阅　云法庭　云翻译　云峰会　云服务　云复工　*云改签　云概念　云观展　云合奏　*云花市　云会议　云计划　云祭祀　云家庭　云家政　云监工　云经济　云竞赛　云聚会　云客服　云课堂　云空间　云空调　云库链　云快递　云快闪　云离婚　云零售　云录制　云媒体　云农场　云配偶　云平台　云驱动　云闪付　云生

活　云时代　云视讯　云手表　云手机　云搜索　云停车　云推送　云外交　云微博　云文化　云物流　云效应　云信访　云学习　云养妈　云养猫　云医疗　云医院　云音乐　云引擎　云预约　云战略　*云招商　云整合　云治理　*云上花市

【云改签】　yúngǎiqiān　动词。购买机票或火车票后,通过线上方式更改日期、航班/车次/舱位/升舱等签证手续。例若错过火车,开车当日 24 时前,其他列车有余票可"云改签"。(2021 年 1 月 28 日《新京报》)│1 月 28 日起,如果旅客没赶上车,未使用现金购票且未取出报销凭证,就可以在家里通过 12306 网站(含手机 APP 和小程序)自助办理当日车票"云改签"。(2021 年 1 月 28 日央广网)

 相关词语见"云村晚"。

【云花市】　yúnhuāshì　名词。线上花市。例值得一提的是,针对辖区内年桔种植面积广、存量大、运输成本高、疫情影响严重的现状,顺德政府将对本次云花市平台成功销售的前 50 万盆年桔按照 8 元/盆的标准进行补贴奖励。(2021 年 1 月 21 日《南方日报》)│活动主办方表示,"云花市"活动是兴农助农之举,通过充分探索在线新经济的机遇,为花农拓宽了销售渠道,振兴乡村产业。(2021 年 1 月 26 日《南方日报》)

 相关词语见"云村晚"。

【云上花市】　yúnshàng huāshì　同"云花市"。例广州市花市办将会同有关部门,探索打造"可看、可玩、可买"的"云上花市"。(2021 年 1 月 29 日《人民日报》)│广州还率先搭建"云上花市",满足广大市民买花过新年的需求。(2021 年 2

月 5 日《南方日报》)

 相关词语见"云村晚"。

【云招商】 yúnzhāoshāng　动词。指通过有效利用网站、微博、微信、手机客户端等技术手段,精准高效地实现招商引资。例 3 月 27 日至今,肇庆高新区通过"云招商"方式与多个项目进行了对接洽谈,并有 5 宗项日实现"云签约"。(2022 年 4 月 4 日《南方日报》)|疫情期间,公司通过云招商签订了 1.4 亿元订单,员工三班倒抢抓生产,同时宦溪镇加快企业二期厂房交地进度,倒排任务,确保企业发展不受疫情影响。(2022 年 12 月 21 日《经济日报》)

 相关词语见"云村晚"。

Z

【*站位】 zhànwèi　名词。车站的位置。例 1 月 15 日首班车起,北京公交 620 路车双向从 66 个站位增至 71 个。新增设的 5 个站位,让天通苑居民出行缩短了步行距离。(2022 年 1 月 15 日《北京青年报》)|车队又派专业人员进行了客流调查、实地测量和记录,发现 508 路增设"铁狮子坟"站后,不会对该站点其他公交线路造成影响,也不会给社会车辆增加通行压力,不用增加站台长度或宽度,符合站位设置标准。(2022 年 1 月 17 日《北京晚报》)

【阵型企业】 zhènxíng qǐyè　在核心研发能力、产业带动能

力、国际竞争能力等方面具有优势的企业集群。例支持科研单位与阵型企业对接,开展科技、资源、技术、人才长期战略合作;鼓励金融机构与阵型企业对接;推动种业基地与阵型企业对接。(2022年9月12日《人民日报》)|农业农村部自2021年以来从3万余家种业企业中遴选出270家优势企业机构,这其中包括隆平高科等69家农作物种业阵型企业,温氏股份等86家畜禽种业阵型企业,富发水产等121家水产种业阵型企业。(2022年9月13日《新京报》)

【直播休眠】　zhíbō xiūmián　指网络虚拟主播终止日常直播和大部分偶像活动。因类似进入计算机的休眠模式,故称。例此次这个虚拟偶像女团登上热搜的原因,是团队中的成员珈乐突然宣布因"身体以及学业"的影响,将进入"直播休眠"状态。(2022年5月28日搜狐网)|今年5月,A-SOUL官方账号突然宣布,因学业及身体原因,旗下成员"珈乐"将进入"直播休眠",终止日常直播和绝大部分偶像活动。(2022年7月5日《中国青年报》)

【纸面合规】　zhǐmiàn héguī　指企业的合规建设仅停留于书面上而未落实于行动上。例推进企业合规改革,检察机关需要明确"规",做到"真合身""真管用",确保涉案企业"真整改""真合规",坚决防止以"纸面合规"逃避刑事追责。(2022年1月26日《南方日报》)|为防止和避免"纸面合规""虚假整改""合规腐败"等问题,最高检将强化第三方监督评估机制适用和运行,严把第三方机制启动、第三方组织人员选任以及合规计划制定、执行、结论审查关。(2022年3月7日《新京报》)

【智源指数】 zhìyuán zhǐshù　中文机器语言能力评测体系。由北京智源人工智能研究院提出。例"智源指数"首次提出了基于"能力－任务－数据集"层次结构的机器语言评测体系及评测方案,包含 6 种主要语言能力,30 余项主流任务与相关数据集。(2021 年 6 月 3 日人民网)｜覆盖更多语言能力、任务和数据集,智源研究院为中文社区带来了一个全新的语言理解和生成评测基准——智源指数。(2021 年 12 月 31 日腾讯网)

北京智源人工智能研究院(Beijing Academy of Artificial Intelligence,BAAI)是在科技部和北京市委市政府的指导和支持下,由北京市科委和海淀区政府推动成立,依托北京大学、清华大学、中国科学院、百度、小米、字节跳动、美团点评、旷视科技等北京人工智能领域优势单位共建的研究机构。

【中国复眼】 Zhōngguó Fùyǎn　一种深空探测雷达。因其是由很多小天线合成一个大天线的,就像昆虫的复眼,故称。例据介绍,"中国复眼"由很多小天线合成一个大天线,对于电磁波自发自收,能观测到小行星。(2022 年 7 月 10 日《北京晚报》)｜前不久,他担任团队领头人、由新一代电子信息团队牵头的"中国复眼"即"超大分布式孔径雷达高分辨率深空域主动观测设施预研项目"在重庆开工建设,项目建成后,可实现千万公里外的小行星探测和成像。(2022 年 12 月 19 日《光明日报》)

【中国式现代化】 zhōngguóshì xiàndàihuà　中国式现代化是人口规模巨大的现代化,是全体人民共同富裕的现代化,是物质文明和精神文明相协调的现代化,是人与自然和谐共生的现代化,也是走和平发展道路的现代化。它的本质要求,除了实现高质量发展,还要丰富人民精神世界,推动构建人类命运共同体,创造人类文明新形态。世界上不存在定于一尊的现代化模式,也不存在放之四海而皆准的现代化标准,适合自己的才是最好的。例共同富裕具有鲜明的时代特征和中国特色,是社会主义的本质要求,是中国式现代化的重要特征。(2022 年 1 月 11 日《中国青年报》)｜必须坚持以中国式现代化推进中华民族伟大复兴。(2022 年 10 月 14 日《南方日报》)

【众筹私教】 zhòngchóu sījiào　家长共同筹资聘请私人教师的补课形式。例教育部校外教育培训监管司负责人指出,社会各界都反映,有培训机构由“地上”转“地下”,以“高端家政”“众筹私教”等名义,违规开展学科类校外培训的隐形变异问题。(2021 年 9 月 24 日《新京报》)｜教育部办公厅发文强调,对“家政服务”“住家教师”“众筹私教”等 7 类隐形变异学科类校外培训形态“一经发现,坚决查处”。(2021 年 10 月 15 日《北京晚报》)

【住家教师】 zhùjiā jiàoshī　住在学生家中,负责学生学习方式、生活习惯以及素质素养教学的教师。也称“住家老师”。例在国家严格监管校外培训的大环境下,打着“高端家政”旗号的“住家教师”市场却开始活跃了起来。(2021 年 10 月 20 日《中国青年报》)｜部分家长一方面期盼减负,一方面担心成绩,想方设法给孩子“加压”,寻找住家教师的家庭越来越多。(2021 年 10 月 26 日《新华日报》)

【住家老师】　zhùjiā lǎoshī　同"住家教师"。例住家老师往往从幼年时就开始陪伴孩子,提供 24 小时教育支持,有的直至小学毕业。(2021 年 7 月 29 日腾讯网)|"住家老师"的月薪普遍在 3 万到 5 万之间,他们的生意很好,基本处于供不应求的状态。(2021 年 8 月 2 日腾讯网)

【祝融号】　Zhùróng Hào　名词。我国第一辆火星车。"祝融"是中国传统文化中的火神,以此寓意点燃我国星际探测的火种,指引人类对浩瀚星空、宇宙未知的接续探索和自我超越。2020 年 7 月 23 日,其在中国文昌航天发射场由长征五号遥四运载火箭发射升空。例开始科学探测以

来,"祝融号"火星车从着陆点向南部古海陆交界方向行驶。(2021 年 7 月 24 日《北京青年报》)|祝融号与地球的通讯,靠的是电磁波信号。(2021 年 10 月 7 日《新民晚报》)

【筑巢青年】　zhùcháo qīngnián　为拥有稳定居所和家庭而奋斗的年轻人。与"空巢青年"相对。例通过合适的举措,帮助和推动"空巢青年"群体向"筑巢青年"群体实质性转变的系统性社会支持已是刻不容缓。(2021 年 3 月 4 日《中国青年报》)|对这种现象,相关部门应该更多从现实角度出发,积极完善"筑巢青年"的易居机制,让这些年轻人下定决心落巢、筑巢。(2021 年 3 月 4 日《南方日报》)

知识窗

相关词语

【着巡合影】 zhuóxún héyǐng　"祝融号"火星车和着陆平台的合影。**例** 6 月 11 日,国家航天局在京举行天问一号探测器着陆火星首批科学影像图揭幕仪式,公布了由"祝融号"火星车拍摄的着陆点全景、火星

地形地貌、"中国印迹"和"着巡合影"等影像图。(2021 年 6 月 12 日《人民日报》)｜由"祝融号"火星车拍摄的着陆点全景、火星地形地貌、"中国印迹"和"着巡合影"的 4 张图片纷纷刷屏,特别是着陆器和巡视器萌萌的合影,引发了极大关注。(2021 年 6 月 12 日《新民晚报》)

【祖冲之二号】 Zǔ Chōngzhī Èrhào　66 比特可编程超导量子计算原型机。比"祖冲之号"多 4 个比特。**例** 近日,中科院量子创新研究院科研团队在超导量子和光量子计算方面取得重要进展,构建了超导量子计算原型机"祖冲之二号",比目前最快的超级计算机快一千万倍。(2021 年 8 月 25 日中央电视台《新闻联播》)｜近日,中国科学技术大学科研团队在超导量子和光量子两种系统的量子计算方面取得重要进展,成功研制"祖冲之二号"和"九章二号",使我国成为目前世界上唯一在两种物理体系达到"量子计算优越性"里程碑的国家。(2021 年 10 月 27 日《人民日报》)

【祖冲之号】 Zǔ Chōngzhī Hào　我国自主研制出的全球超导比特数量最多的量子计算原型机。祖冲之是我国杰出的数学家,首次将圆周率精算到小数后的第七位,其提出的"祖

率"对数学研究有重大贡献。以此寓意我国在超导量子计算上做出的杰出贡献。例 此外,基于"祖冲之号"量子计算原型机的二维可编程量子行走,在量子搜索算法、通用量子计算等领域具有潜在应用,也将是后续重要的发展方向。(2021 年 5 月 8 日新华社客户端 百家号)| 量子通信、量子计算等前沿技术取得突破,"墨子号"实现无中继千公里级量子密钥分发,76 个光子的量子计算原型机"九章"、62 比特可编程超导量子计算原型机"祖冲之号"成功问世。(2021 年 10 月 15 日《人民日报》)

【嘴替】 zuǐtì 名词。网络用语。指能够用语言表达出他人内心想法的人。也称"互联网嘴替"。例 这是个人人都需要表达的时代,有些人需要别人帮他表达,亚伦十分愿意成为这样的"嘴替"。(2022 年 8 月 22 日《北京青年报》)| 观众更希望领笑员也能成为自己的"嘴替"和自己共情而且点评要专业,在脱口秀演员表演不好的时候,能直接点明他们的问题。(2022 年 10 月 7 日《北京青年报》)

知识窗

相关词语

附录

2016—2020 汉语新词语

A

【*暗黑】 ànhēi 形容词。网络用语。本指光线不足,网络上多用来形容压抑的、阴森的、恐怖的东西。例这篇充满暗黑悬疑氛围的小说在今天被公认为最早的推理作品(其实比爱伦·坡早的悬疑类作品也有)。(2020年6月20日《新京报》)

B

【白肺】 báifèi 名词。指对重症肺炎患者的肺部在 X 光或 CT 检查下表现的口语化描述。因其肺部显影呈一大片白色状,故称。例双肺磨玻璃样改变是新冠肺炎的重要特征,进一步发展成"白肺",人会活活被憋死。(2020 年 2 月 26 日《中国青年报》)

【白莲花】 báiliánhuā 名词。网络用语。指外表看上去纯洁,内心阴暗,思想糜烂,一味假装纯洁、装清高的人。例在剧中,张月饰演的"林有有"是个十足的绿茶,经常以"白莲花"的姿态明里暗里撩有妇之夫许幻山,想冲进电视里打她的

观众手牵手连起来能绕地球三圈。(2020年10月9日腾讯网)

【摆烂】　bǎilàn　动词。网络用语。指事情无法向好的方向发展时,干脆不再采取补救措施,任其往坏的方向发展。例哪吒对抗的是关于善恶的理念交锋。魔丸的出身让他痛不欲生,几乎要用"摆烂"草草写完自己的人生答卷。(2019年8月2日《北京青年报》)

【保熟】　bǎoshú　形容词。网络用语。指所说的消息准确。由于网友聊八卦时常用"吃瓜"表示旁观,故称。例唐一菲退赛这个瓜,目前并不保熟,但唐一菲在《演员请就位2》第二期开始就没有任何镜头,和节目组交恶几乎实锤了。(2020年10月15日腾讯网)

【崩跌】　bēngdiē　动词。指价格迅速大幅度地跌落。例11年前的3月9日,美股开启了本轮牛市行情;11年后的3月9日,美股三大股指一开盘即崩跌,标普500指数触发熔断机制,这是自1987年"黑色星期一"崩盘后设立该机制以来第二次出现这一场景。(2020年3月11日《经济日报》)

【冰雪运动】　bīngxuě yùndòng　泛指在冰上与雪地上进行的各种运动。例北京成功申办2022年冬奥会,中国提出"3亿人参与冰雪运动"的愿景,为两国打造"冰雪奇缘"、深化冬季项目和冬奥会合作提供了新机遇。(2020年1月2日《人民日报》)

知识窗

相关词语

【病毒式】 bìngdúshì　形容词。指像病毒一样传播飞快而广泛。例曾经在微博红极一时的"冰桶挑战"活动就是通过社交网络进行病毒式传播的典型捐赠案例,也为捐赠众筹与中国社交网络的结合留下想象空间。(2016 年 12 月 5 日《新民晚报》)

C

【COS 装】 COS zhuāng　名词。用来扮演动漫、游戏中角色的服装。COS 是英文 Cosplay(扮装游戏)的简称。例在直播中,AJ 换上女仆装,空气流海,黑丝袜,一身标准的 COS 装放飞自我。(2018 年 9 月 3 日腾讯网)

【查删】 cháshān　动词。查询并删除。例国家网信办与工信、公安等部门密切协作,严厉查处涉恶性政治谣言、涉恐涉暴涉枪、涉民族宗教等违法违规有害信息,要求相关网站依法查删暴恐音视频信息 2000 多万条、关闭涉恐网络账号近万个。(2016 年 2 月 26 日《中国青年报》)

【城归】 chéngguī　名词。指从城市回归农村创业就业的人。仿"海归"造词。例过去认为"城归"是在城里待不下去的,是失败者。但现在总书记的讲话里给出了信息,"让从城里回去的人有更多的选择,不是失败者才回去。就像逃离北上广一样,逃离不是失败"。(2018 年 3 月 12 日《中国青年报》)

【成分股】　chéngfèngǔ　名词。指计算股票价格指数时所选用的股票。所选股票来自代表性上市公司,能够反映一个特定股市的变动趋势。也称"指数股"。例深股通的股票范围是市值 60 亿元人民币及以上的深证成份指数和深证中小创新指数的成分股,以及深圳证券交易所上市的 A＋H 股公司股票。(2016 年 8 月 17 日《中国青年报》)

【乘组】　chéngzǔ　名词。指由 2 名以上航天员组成的、执行某项航天任务的乘员小组。例 2013 年 6 月 26 日,神舟十号乘组圆满完成中短期在轨驻留以及所有科研试验任务,即将踏上回家的路。(2018 年 4 月 6 日《经济日报》)

【出行码】　chūxíngmǎ　名词。指由各地政府主导推出的个人进出场所、乘坐交通工具的电子准许凭证。例根据现行的政策要求,只需持有健康码绿码,并在廊坊当地社区扫描出行码进行登记即可。(2020 年 4 月 21 日《新京报》)

相关词语见"保码"。

【创城】　chuàngchéng　动词。"创建全国文明城市"的简称。例党的十九大以来,文明城市创建工作水平不断提升,逐步迈向常态化。广大城市在"创城"中,治理体系逐渐完善、治理能力日益增强、历史文脉得到延续、公共服务更加便捷、生活环境愈发美丽,这些无一不在提升着城市的文明程度、文化品位和百姓的生活品质。(2020 年 11 月 19 日《中国青年报》)

【窜访】　cuànfǎng　动词。非正式的,图谋不轨、偷偷摸摸地访问。例国务卿蓬佩奥最近在欧洲与中东窜访,四处煽风点火。(2020 年 11 月 19 日《新民晚报》)

知识窗

相关词语

【催更】 cuīgēng　动词。网络用语。催促更新。一般指在网络小说、漫画等连载作品中,读者迫切地要求作者更新下一章或下一集。例吐槽、催更、提建议,读者的"脑洞"也成为作者灵感的重要来源。(2020年4月21日《新民晚报》)

【村医】 cūnyī　名词。"乡村医生"的简称。例对于基层村医来说,虽然他们不在疫区中心,但是他们用自己的身体筑起农村防疫的第一道防线。(2020年2月3日《中国青年报》)

【错峰】 cuòfēng　形容词。错开高峰时段的。例错峰、错时上岗,有条件的都做"独行侠",上班路保持安全距离。(2020年2月10日《新民晚报》)

D

【打投】 dǎtóu　动词。网络用语。"打榜投票"的缩略。例甚至有家长通过电视节目控诉子女为"打投"(打榜投票)向同学借钱,导致成绩下滑,请求偶像出面正确引导。(2020年6月12日《新京报》)

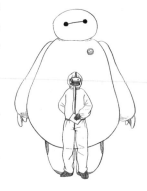

【*大白】 dàbái　名词。本指电影《超能陆战队》以及动画《大白归来》中体形偏胖、全身白色、外表呆萌的虚拟人物角色。现多是对身

穿白色防护服的基层工作人员、医护人员的昵称。例让人们摘掉口罩，让"大白"们回家，让我们都可以拥抱每一个想拥抱的人。(2020年3月4日《中国青年报》)

【*大厂】　dàchǎng　名词。本指大型工厂。现也专指具有稳定发展体系、更强生存能力、行业内领头的大型互联网公司。例举个身边的例子，就在上个月，在某互联网大厂担任运营岗位的我朋友东东在群里吐槽："我早就干完活儿了，但是我周围人一个都不走，可我好想走。"(2020年9月16日《中国青年报》)

【单享学区】　dānxiǎng xuéqū　学生只能选择学区范围内一所公办学校的区域。例单享学区，适龄儿童只能申请住房所在学区范围内的一所阳光试点幼儿园。(2020年10月16日搜狐网)

【低碳转型】　dītàn zhuǎnxíng　摆脱高能耗、高排放、高污染的经济增长方式并逐步转型为低碳、节能的绿色经济增长方式的过程。例记者从国家能源局获悉：近年来我国能源清洁低碳转型步伐不断加快。(2019年6月19日《人民日报》)

【抵离】　dǐlí　动词。抵达和离开。例为了让志愿服务更加周到贴心，青岛根据志愿者的个人专业、特长和意愿进行了分组，这些志愿者将为参会嘉宾、媒体等提供抵离服务、翻译服务、媒体服务、城市运行等全方位、精细化的志愿服务。(2018年6月1日《人民日报》)

【第三次分配】　dìsāncì fēnpèi　指除初次分配和再分配之外，高收入人群在自愿基础上，以募集、捐赠和资助等慈善公益方式对社会资源和社会财富进行分配。又称"三次分配"。党的十九届四中全会通过的《中共中央关于坚持和完善中国特色社会主义制度、推进国家治理体系和治理能力现代化若干重大问题的决定》,首次明确以第三次分配为收入分配制度体系的重要组成。⬚例重视发挥第三次分配作用,发展慈善等社会公益事业。(2019 年 11 月 6 日《中国青年报》)

【点云】 diǎnyún　名词。指使用三维测量仪器得到的产品外观表面的点数据集合。⬚例扫描过后,会得到很多点云,它们代表了每一束激光到达的距离。(2019 年 4 月 18 日《南方日报》)

【电子烟肺炎】 diànzǐyān fèiyán　指缺乏其他合理病理证据,推定为使用电子烟或电子烟产品造成的不明原因肺损伤。于 2019 年 7 月在美国威斯康星州暴发,临床症状与新冠肺炎极为相似。⬚例美国 2019 年 8 月暴发"电子烟肺炎",为何肺部 CT 影像与新冠病毒造成的肺部影像如此类似?(2020 年 5 月 3 日《人民日报》)

【冬奥遗产】 Dōng'ào yíchǎn　指北京冬奥会、冬残奥会场馆设施等物质遗产,以及文化和人才遗产。⬚例国际奥委会官员介绍了国际票务和接待项目改革事宜,北京冬奥组委方面则就观众商业接待、可持续和冬奥遗产等方面的工作规划做了陈述。(2020 年 2 月 21 日《人民日报》)

【冻龄】 dònglíng　形容词。肌肤没有随着年龄的增长而松弛变老,好像冻结了年龄的。⬚例职业精神的光辉,比冻龄的容颜还要迷人。(2018 年 3 月 11 日《北京青年报》)

F

【反996】 fǎn 996 "反对 996 工作制"的简称。996,指早 9 点上班,晚 9 点下班,每周工作 6 天的工作制度。反对这个不合理的制度,表示反对长期超负荷工作。例反 996 授权协议的主要内容是,希望它能对国内的互联网公司起到一个约束作用,不得强制或诱使自己的员工统一违反国际劳工标准的核心公约的条款。(2019 年 4 月 15 日搜狐网)

【反智】 fǎnzhì 动词。指对知识的怀疑和对知识分子的鄙视。例疫情下全球盛行的反智主义,部分国家政府极力借疫情"阴谋论"转移视线,这些事实告诉人们,病毒溯源始终是一个科学问题,需要用更加理性的方式来看待。(2020 年 12 月 17 日《中国青年报》)

【飞防】 fēifáng 动词。利用无人机大面积喷洒农药以防治病虫害。例县里对采用无人机飞防作业的合作社给予每亩地 15 元的补贴,以推广新技术。(2016 年 10 月 30 日《人民日报》)

【肥宅水】 féizháishuǐ 名词。网络用语。宅在家中的年轻人喜欢喝的、容易引起肥胖的饮品,泛指有甜味、含咖啡因、能带来愉快感受的饮料,以可乐为主。也称"快乐肥宅水"。例正所谓"爱喝快乐肥宅水,胖过唐朝杨贵妃",一句网友们对于爱喝可乐系碳酸饮料行为的自嘲,形象地揭露了"碳酸

知识窗

相关词语

饮料＝催肥剂"的普世真理。(2019 年 3 月 22 日《北京晚报》)

【分享学区】 fēnxiǎng xuéqū　指学生除可选择学区范围内的学校外,还可以选择被分享学校学位的区域,用于解决学区内学校学位紧张的情况。例第一志愿只能申请原学区的,但若积分不够没有申请上可自动加入到被分享学区学校进行排队申请。(2020 年 10 月 28 日搜狐网)

【*福袋】 fúdài　名词。本指日本商家在过年前后将不同商品搭配组合销售时的商品袋或纸盒。现也指商家自行设定的、低于商品正价、在购买之前看不到的商品组合。例或许,拆福袋的大人就像拆盲盒的孩子一样,即使结果没有满愿,也不妨碍对下一个"不确定"的期待。(2020 年 8 月 14 日《新民晚报》)

【赋码】 fùmǎ　动词。❶指新冠疫情防控期间,根据不同情况对健康码进行附加不同颜色的管理措施。例对低风险地区人员,申领健康码后 4 小时内赋码;对中风险地区人员 12 小时内赋码;对高风险地区人员 24 小时内赋码。(2020 年 3 月 11 日《北京青年报》)❷我国政府对产品实施的统一电子监管措施,即给每件产品赋予唯一的标识(监管码)。例扩大联网直报单位范围,全面使用手持移动终端(PAD)采集数据,广泛应用行业代码自动识别赋码技术,普查数据生产全过程实行电子化、网络化处理。(2020 年 1 月 19 日《南方日报》)

 相关词语见"保码"。

G

【*刚】 gāng　动词。网络用语。很强大,对不满的事正面对抗。例相比阿里和拼多多在"百亿补贴"的正面硬刚,京东在这个战场的存在感显得稍弱。(2020年3月5日搜狐网)

【高位】 gāowèi　名词。指经济指标或商品投资品处在一个高指标高价格的运转区间。例山东烟台是苹果的重要产地,烟台市苹果协会的张先生日前告诉第一财经记者,现在苹果价格处在历史最高位,并且还有上涨的空间。(2019年5月29日央视网)

【跟催】 gēncuī　动词。跟踪和催促。指跟进、提醒和催促相关事项以确保其符合工作标准及其在时间、质量和成本等方面的要求。例跟大家普及一下跟催的两种主要方式:第一种是查状态,第二种是电话或者邮件。(2020年4月14日腾讯网)

【跟评】 gēnpíng　动词。在某篇文章、帖子、微博等社交媒体平台上,跟随他人评论并发表自己的评论。例从留言跟评看,无数人看到这条消息心情堪称直接"裂开"了。(2020年12月7日《新民晚报》)

【庚子之疫】 gēngzǐ zhī yì　指2019年底至2020年初暴发的新冠疫情。因2020年是农历庚子年,故称。例2020庚子之疫,让全球性国家治理体系和公共卫生面临大考。

（2020 年 12 月 1 日《南方日报》）

【供应链】 gōngyìngliàn　名词。围绕核心企业进行生产和销售，将供应商、制造商、分销商直至用户连成一体的功能性网链结构。⬛例供应链管理，对于汽车行业来说也是一个重大挑战。（2020 年 4 月 10 日《南方日报》）

【共享学区】 gòngxiǎng xuéqū　学生享有选择跨区多所学校学位机会的区域。⬛例共享学区则是将部分学位有余的学校和学位不足的学校"打包在一起"，设置为共享学区，在数量上少一些。（2020 年 11 月 24 日《南方日报》）

【冠脉】 guānmài　名词。"冠状动脉"的简称。⬛例以冠心病为例，以冠脉介入为主的冠脉血重建是现代医学治疗冠心病的重要手段，在减少心血管事件、降低病死率方面效果突出。（2018 年 5 月 17 日《人民日报》）

【滚人】 gǔnrén　名词。摇滚艺人。⬛例滚人意思是摇滚艺人，摇滚是一种音乐类型，起源于 20 世纪 40 年代末期的美国，20 世纪 50 年代早期开始流行，迅速风靡全球。（2020 年 10 月 19 日新浪网）

【国培】 guópéi　名词。"中小学教师国家级培训"的简称。⬛例要注重教师的职后专业发展，通过国培、省培等学习培训项目持续提升教师的专业化水平。（2018 年 2 月 7 日《光明日报》）

【过审】 guòshěn　动词。通过审核。⬛例"论导师崇高感"之类文章，如是现在过审，很可能会被 AI 的火眼金睛识别出异常。（2020 年 1 月 21 日《新京报》）

H

【哈人】 hārén　名词。嘻哈圈的人。例哈人,顾名思义,就是嘻哈圈的人,含义包括了说唱歌手、制作人,有时候这个词甚至涵盖了说唱粉丝。(2020 年 10 月 6 日腾讯网)

【海试】 hǎishì　动词。海上试验。指新建海上装备(如舰艇)在规定海洋环境条件下完成规定的海上试验项目,以检验其功能是否达到预期目标。例75 天的海试过程中,蛟龙号遇到了 4 次台风,两次热带风暴,两次热带低压和 1 次局地强对流。(2020 年 10 月 23 日《人民日报》)

【海推】 hǎituī　动词。在事先不提名的情况下,由个人以无记名投票的方式推荐自己认为适合的候选人。例但他同时坦言,青年导演的处女作实际上很难发行,从创作开始,融资、剧本、演员、拍摄后期,再到运营宣发,包括国外的参赛参奖和海推,没有一个环节容易。(2020 年 10 月 27 日《中国青年报》)

【航天港】 hángtiāngǎng　名词。航天运输飞行器停靠和转运中心。例一个个航天器从航天港出发,携带人类文明造访太空。从此,深邃的苍穹不再寂寞。(2019 年 1 月 9 日《新民晚报》)

【划水】 huáshuǐ　动词。网络用语。指在团体活动中不出力、不贡献。也指上班期间偷懒。例随着高校进入严字当

知识窗

相关词语

头的时代,大学生"划水"也能毕业的日子一去不复返了。
(2020 年 11 月 9 日《中国青年报》)

【灰广播】　huīguǎngbō　名词。指具有播出资质的广播电台
　　将播出时段租给广告商,供其播放违反广告法相关规定的
　　广告,以宣传保健品、医疗器械等。例会上通报了今年以来
　　打击"黑广播"治理"灰广播"工作情况,介绍了近期专项整治
　　行动中发现的趋势和特点。(2020 年 10 月 29 日北京市
　　"扫黄打非"办　百家号)

J

【基本盘】　jīběnpán　名词。经济整体的、基本的状况或行
　　情。例要加快复工复产、复市复业,帮助解决企业特别是中
　　小微企业面临的困难,促进汽车制造、电子信息、新材料、生
　　物医药等支柱产业恢复发展,稳住经济基本盘。(2020 年 4
　　月 20 日《中国青年报》)

【急难愁盼】　jí nán chóu pàn　期盼早日解决的、令人发愁
　　的困难或难题。例面对社区居民的新变化,上海普陀区全
　　面推进"同心家园"服务模式,打造熟人社区,引入新的办法,
　　解决群众急难愁盼问题。(2016 年 4 月 6 日《经济日报》)

【急特】　jítè　形容词。紧急特殊的。例为严密防范疫情输
　　入风险,首都严格进京管理联防联控协调机制已启动喀什
　　方向人员进京的必要管控措施,提示目前在喀什人员近期

非必要不进京,因重要公务或个人急特原因确需进京的须持抵京前 7 日内核酸检测阴性证明或能够出示包含核酸检测阴性信息的健康通行码"绿码",抵京后严格落实核酸检测等防控措施。(2020 年 10 月 27 日《北京青年报》)

【集采】 jícǎi　动词。集中采购。例据该公司执行董事陈燕桂介绍,国家组织的集采让市场正在回归理性,公司技术力量雄厚、供应链较强,回到国内市场很有优势,因此参加了第二批集采。(2020 年 1 月 20 日《人民日报》)

【*降维打击】 jiàngwéi dǎjī　源自刘慈欣的科幻小说《三体Ⅲ・死神永生》,指三维空间的物体一旦进入二维空间中,物体分子将不能保持原来的稳定状态,极可能发生解体而导致物体本身毁灭。现多形容拥有高端技术的群体直接进入低端技术群体的领域,对后者形成碾压式的打击。例北航无人机所代表着国家队水平,创始团队原本以为将军工水准的大飞机技术应用到中小型无人机上,又以更为系统、专业的方式保证无人机的可靠性和稳定性,产品一定会"降维打击"市场同类产品,迅速获得客户认可。(2019 年 12 月 3日《中国青年报》)

【街采】 jiēcǎi　动词。街头拦截式地采访。例记者随机街采了部分消费者。(2018 年 12 月 14 日《新京报》)

【街访】 jiēfǎng　动词。同"街采"。例此次街访中 76.7%的用户认为目前共享单车损坏率高。(2018 年 8 月 27 日《新京报》)

【*解锁】 jiěsuǒ　动词。本指开锁,现指学习、了解或体验到新事物。例据报道,这一年来,杭州互联网法院不断解锁

知识窗

相关词语

"新技能",包括用区块链新技术固定保存电子证据;通过大数据搜索,在茫茫人海中找到被告人并电子送达诉讼文书。(2018 年 8 月 19 日《新京报》)

【禁业】 jìnyè 动词。禁止从事某种行业。例对涉及疫苗药品等危害公共安全的违法犯罪人员,要依法严厉处罚,实行巨额处罚、终身禁业。(2018 年 8 月 17 日《人民日报》)

【巨人恐蚁】 jùrén kǒngyǐ 世界上已知体型最大的蚂蚁之一。英文 Dinomyrmex gigas 的翻译。在中国属于外来物种,据报道,2017 年 8 月 31 日,我国出入境检验检疫局首次从邮政口岸截获。也称"巨人弓背蚁"。例经初步鉴定,本次截获的甲虫和蚂蚁分别是"南洋大兜虫"和"巨人恐蚁"。(2017 年 8 月 31 日海外网)

【剧本杀】 jùběnshā 名词。关于谋杀谜案主题的演绎推理游戏。也称"谋杀之谜"。例近两年,这种名为"剧本杀"的社交游戏逐渐受到年轻人的欢迎。(2020 年 4 月 24 日《中国青年报》)

K

【卡友】 kǎyǒu 名词。货运行业中的卡车司机。例时常碰上一些"卡友",双方会远远地就把灯光调整成近光模式,等开过,再换回远光。(2019 年 3 月 27 日《中国青年报》)

【客属】 kèshǔ 名词。客家人的亲属。仿"台属""港属""澳属"造词。例"世界客属恳亲大会"于 1971 年缘起香港,先后在亚、美、非三大洲多个国家和地区成功举办,是国际上最具影响力的华人盛会之一,也是各国各地区客家人开展经济合作和文化交流的重要舞台。(2017 年 9 月 12 日《人民日报》)

【口嗨】　kǒuhāi　动词。网络用语。嘴上说得天花乱坠,而在实际中做不到。例"口嗨"无济于事,不如多花点时间泡图书馆。(2020 年 11 月 9 日《中国青年报》)

L

【0 号病人】　0 hào bìngrén　第一个患传染病,并开始散播病毒,造成大规模暴发的患者。也写作"零号病人""〇号病人"。流行病调查中,称其为"初始病例"或"标识病例",正是该患者造成了大规模的传染病暴发。例"1 号病人"此前并没有去过中国,也没有和确诊患者打过交道,只是在 1 月 21 日和一个从中国回国的意大利男子约了一顿饭。但后者并未确诊,于是让"1 号病人"中招的"0 号病人"成谜。(2020 年 2 月 28 日《新民晚报》)

【拉胯】　lākuà　形容词。由于腿脚患病或过度疲劳,走路时胯骨不能正常支撑,也比喻精神、体力支撑不住,做得不好,现出丑态。例虽然增加了夜拍模式,但超广角和长焦的夜拍实际上是有点拉胯的。(2020 年 10 月 20 日新浪网)

知识窗　相关词语

【滥俗】 lànsú　形容词。流传很广而格调不高。例套句滥俗的流行语："宁在宝马里哭泣,不在自行车上唱歌。"(2018年12月4日《新民晚报》)

【老破小】 lǎopòxiǎo　形容词。(住房)又旧又破又小。例穆先生因为儿子要中考,一家人从三室一厅的宽敞房子搬进了学校附近狭小的"老破小"出租房,做起了中考苦行僧。(2020年3月23日《北京晚报》)

【离婚冷静期】 líhūn lěngjìngqī　自婚姻登记机关收到离婚登记申请之日起三十日内,任何一方可向婚姻登记机关撤回离婚申请、终结登记离婚程序的冷静思考期间。也称"离婚熟虑期""离婚反省期"。例离婚冷静期制度的设立,使民法典施行前原本可一次性、在一天之内甚至数十分钟即可完成的离婚登记程序,从时间上被拉长了30天;由原来的双方到民政局一次即可办理完成,变成双方至少需要到民政局两次才能办理完成。(2020年12月7日《中国青年报》)

【连麦】 liánmài　动词。在网络平台上同时打开麦克风互动沟通的行为。例技术在一定程度上"推波助澜",通过精准匹配、连麦视频等新颖的方式,为年轻人打开了另一扇交友大门。(2020年3月6日《中国青年报》)

【两头婚】 liǎngtóuhūn　名词。既不是男娶女嫁,也不是招男入赘的婚姻形式。在这种婚姻中,夫妻成家后不组成传统的家庭,通常各自住在自己原来的家庭里,生育两个孩子,分别随父姓和母姓。例近年来,在江浙一带悄然兴起一种新的婚姻形式——两头婚,这种婚姻既不属于男娶女嫁,也不属于女招男入赘。小夫妻成家后依旧与双方原生家庭保

持一定"黏性",通常各住各家。(2020 年 12 月 20 日中国青年报 百家号)

【领学】 lǐngxué 动词。引领学习。例会上,陈必昌领学了习近平总书记在同团中央新一届领导班子成员集体谈话时的重要讲话精神。(2018 年 7 月 9 日《中国青年报》)

【留抵退税】 liúdǐtuìshuì "增值税留抵税额退税优惠"的简称。指退还企业当期增值税销项税额小于进项税额的差额。这一政策自 2019 年 4 月 1 日起试行。例留抵退税制度,是支持实体经济特别是制造业企业的有效措施。(2018 年 3 月 31 日《人民日报》)

【路权】 lùquán 名词。一定时空内在道路上进行道路交通活动的权利。例围绕路权,有一种汽车和自行车谁更应该优先的争论,其实大可不必。(2019 年 6 月 4 日《工人日报》)

M

【毛衣战】 máoyīzhàn 名词。网络用语。"贸易战"的谐音。例对于香港市场来说,由于美国进入加息周期,很多资金因为利差回流到美国,以及毛衣战,都导致港股持续下跌。(2018 年 11 月 3 日新浪网)

【美西方】 Měi-Xīfāng 名词。指美国和一些西方国家。例现行国际秩序由美西方在二战后主导建立,在当今世界大发展大变革大调整之际,美西方全球治理理念与做法仍然沉湎于霸权主义、单边主义、干涉主义、保护主义等陈旧范式,机制封闭化、规则碎片化、合作排他化等问题突出,代表性、包容性和公正性不足,越来越难以适应和平、发展、合作、共赢的时代潮流。(2018 年 10 月 10 日《光明日报》)

【梦天舱】　Mèngtiān Cāng　名词。"梦天实验舱"的简称。囫"天和"空间站核心舱用于空间站的统一管理和控制以及航天员生活,有 3 个对接口和两个停泊口。停泊口用于问天舱、梦天舱与天和舱组装形成空间站组合体;对接口用于神舟飞船、天舟飞船及其他飞行器访问空间站。(2019 年 7 月 20 日《光明日报》)

【梦天实验舱】　Mèngtiān Shíyàncāng　中国空间站的第三个舱段,也是第二个科学实验舱,由工作舱、载荷舱、货物气闸舱和资源舱组成,主要用于开展空间科学与应用实验,参与空间站组合体管理,货物气闸舱可支持货物自动进出舱。"梦天"寓意中国人寰宇追梦的美好期望。囫据介绍,在未来两到三年,天宫核心舱会被打上太空,继而是"问天实验舱""梦天实验舱"与之交会对接,开展舱内和舱外的科学实验。(2019 年 11 月 18 日《中国青年报》)

【*面向】　miànxiàng　名词。重点发展的方向、原则或方法。囫"五个面向"直面时代挑战和问题,全面系统阐述中国主张,致力于共创和平、安宁、繁荣、开放、美丽的亚洲和世界。(2018 年 4 月 14 日《人民日报》)

【*摸鱼】　mōyú　动词。网络用语。指工作、学习时做其他无关的事或不尽心尽力做事。囫比如第一天被领导"最看好"的名校女生,工作习惯"摸鱼",上班时间看美剧、打游戏,频

繁请假,无故缺勤。(2018 年 6 月 8 日《中国青年报》)

N

【NFC】　近距离无线通信技术。常用于手机移动支付、电子票务、门禁、移动身份识别、防伪等场景。英文 Near Field Communication 的缩写。例 NFC(Near Field Communication),即近距离无线通信技术,目前主要功能是进行电子支付,主要场景有便利店、超市、公交、地铁等场所消费的小额支付。(2018 年 12 月 14 日《新京报》)

【*拿捏】　nániē　动词。网络用语。本意为把握、掌握。现用以形容一种了如指掌的把控感。例钳工对下手的力度要求很高:大一点松,小一点紧,偏一点就废,难就难在力度不好拿捏。(2018 年 10 月 30 日《人民日报》)

【脑雾】　nǎowù　名词。新冠后遗症之一。多表现为注意力下降、执行力障碍等。好像脑海被浓雾笼罩一般,故称。例疫情困境、经济焦虑、政治隔阂、社会动荡,令大选年的美国社会仿佛缠绕着某种疲倦而无奈的"脑雾"。(2020 年 11 月 3 日《新民晚报》)

知识窗

相关词语

【闹医】　nàoyī　动词。与医生无理纠缠,破坏医疗秩序。例近年来,我国对伤医、辱医、闹医行为持续"亮剑",加大打击力度。

（2020 年 4 月 25 日《光明日报》）

【内娱】　nèiyú　名词。"内地娱乐圈"的简称。例以 B 站为例,据 FUNJI 不完全统计,截至 2020 年 4 月 15 日,已经有 59 位内娱艺人或艺人团体入驻 B 站,不乏十万甚至百万量级粉丝的明星。(2020 年 9 月 1 日新浪网)

【农货】　nónghuò　名词。农产品;农业生产资料等货物。例从钉钉云复工复课、淘宝直播带农货、全球数字供应链……阿里巴巴数字化人才团队不断为复工复产提供新的助力渠道,让"新基建"成了新产能。(2020 年 4 月 12 日《光明日报》)

P

【*跑腿】　pǎotuǐ　动词。本指帮人办事。现指帮助别人并收取一定报酬的一种职业。例进入方舱后,她点的第一个跑腿订单,是几包火鸡面。(2020 年 3 月 4 日《中国青年报》)

【平诊】　píngzhěn　名词。普通门诊。与"急诊"相对。例哈医大一院"五一"休假期间,将暂停现场平诊,急诊 24 小时开放。(2020 年 5 月 2 日搜狐网)

Q

【气变】　qìbiàn　动词。气候变化。例 3 天前,超过 3.5 万名比利时青少年学生逃课参加"应对气变"游行,创该国有史以来最大规模"学生运动"的纪录。(2019 年 1 月 30 日《中国青年报》)

【枪爆】　qiāngbào　名词。"枪支"和"爆炸物"的合称。例实践证明,严管严控枪爆物品、严打严治枪爆犯罪,是维护社会公共安全、保障国家长治久安的重要举措,也是推进平安中国建设、提升人民群众安全感的重要保障。(2018 年 2 月 8 日《光明日报》)

【全龄段】　quánlíngduàn　名词。全部年龄段。例新华社记者不久前在某省级贫困县的一些村镇中小学采访了解到,从小学一年级到初中三年级,游戏弥漫散布在义务教育的全龄段。(2018 年 10 月 10 日《北京青年报》)

【群面】　qúnmiàn　动词。一群人同时面试,通常指以无领导小组讨论的形式面试。例起初,最令我害怕的就是群面:一群面试者在一个房间内完成指定任务,面试官通过观察大家的表现,选择一两个人晋级。(2018 年 5 月 2 日《人民日报》)

R

【扰医】　rǎoyī　动词。干扰医生及其医疗。例伤医扰医犯罪必须"零容忍",北京检察机关对民航总医院杀医案快捕快诉,被告人被判处死刑。(2020 年 5 月 26 日《人民日报》)

知识窗

相关词语

【热梗】　règěng　名词。指互联网盛行的笑点、情节或片段。梗，来源于"哏"。例到如今即使你天天上网，都搞不清那些时不时陡然浮现的网络热梗背后所代表的丰富含义。（2019 年 4 月 30 日《南方日报》）

【热搜】　rèsōu　名词。网络用语。热门搜索。指某时间段内搜索热度最高的话题。例热搜榜本是网络热度风向标，理应真实反映网友关切，理性引导大众目光。但是，某些明星的家长里短却长期霸占热搜榜的一席之地。（2018 年 2 月 22 日《人民日报》）

【瑞思拜】　ruìsībài　网络用语。尊重，服气。英文 respect 的谐音。例生吃蔬菜、硬核天坛大爷、热情北京大妈，一下雨就开启看海模式等一系列骚操作，都让外地人心甘情愿地说一句："瑞思拜"。（2020 年 5 月 4 日腾讯网）

S

【适老化】　shìlǎohuà　形容词。指在公共建筑中充分考虑到老年人的身体机能及行动特点而做出满足老年人群生活及出行需求的设计。例完善设施布局，加强无障碍建设和适老化改造。各地落实扶持政策、建立配套制度、完善标准体系，不断优化无障碍出行政策体系。（2018 年 1 月 12 日《人民日报》）

【手速】　shǒusù　名词。指敲击键盘或点击鼠标的速度。例按照往年经验,热门剧目需要拼一拼手速和人品,去年开票12000张迅速售罄,24小时内售出超出总票数的40%,上座率97.6%。(2016年7月26日《新京报》)

【**手游**】 shǒuyóu　名词。"手机游戏"的简称。指在手机上运行的游戏软件。例有业内人士表示,手游行业已经进入行业红海,经过前期的"野蛮生长",行业增速会放缓。(2016年7月19日《中国青年报》)

【**数字孪生**】 shùzì luánshēng　指利用物理模型、传感器更新、运行历史等数据,在虚拟空间形成与物理实体等价信息模型的仿真过程。例利用"数字孪生城市"系统,将来一些决策付诸实施前,可先在虚拟城市模拟运行,根据模拟结果付诸实施或者修正,发挥辅助决策作用。(2018年4月22日《光明日报》)

【**数字乡村**】 shùzì xiāngcūn　指网络化、信息化和数字化在农业农村经济社会发展中的应用,以及农民现代信息技能的提高而内生的农业农村现代化发展和转型进程。是乡村振兴的战略方向和建设数字中国的重要内容。例顺应亿万农民过上美好生活的新期待,通过建设数字乡村,让"互联网＋"教育、医疗、交通、娱乐等公共服务延伸到村,提升农民数字化应用能力,丰富乡村的数字化生活,全面支撑乡村振兴,让农村居民和城市居民一道共享数字经济发展成果,搭上数字经济发展快车。(2018年11月25日《人民日报》)

【**算法推荐**】 suànfǎ tuījiàn　根据用户网络使用行为偏好,借助数学算法,推测用户可能喜欢的内容,实现内容精准推送。例互联网上的一些算法推荐存在问题,比如未成年人不小心点到不适宜的内容,就会时常被推荐相关的东西。
(2020 年 3 月 19 日《中国青年报》)

【算力】 suànlì 名词。指计算能力,即数据处理能力。例算力(计算能力)是人工智能之力,也是人工智能硬实力的关键保证。(2020 年 4 月 2 日《光明日报》)

T

【*塌房】 tāfáng 动词。网络用语。原指房屋坍塌,现比喻偶像在粉丝们心目中形象坍塌。例对女生来说,偶像“塌房”带来的打击有时候并不亚于失恋。(2020 年 11 月 20 日《中国青年报》)

【*弹窗】 tánchuāng 名词。本指打开网页、软件时自动弹出窗口。在新冠疫情防控期间特指根据大数据监测,对涉疫风险人员自动弹出提示信息。例市经信局相关负责人介绍,针对这一情况,“健康宝”4 月 12 日进行了功能升级,市民可以按照页面提示,通过国家政务服务平台查询近期行程,如近 14 天确未出京,可以获得“绿色状态”;如有过出京行为,在未向社区报到、履行防疫任务之前,“健康宝”将继续保留“弹窗”状态。(2020 年 4 月 15 日《北京晚报》)

【躺赚】 tǎngzhuàn 动词。以极其轻松的方式就可以赚到钱。好像躺着不动钱就来了,故称。例 2010 年谷歌离开中国市场,广告业务的稳定增长让百度进入躺赚阶段。(2018

年 10 月 26 日《新京报》)

【提振】　tízhèn　动词。提升，振作。例强军目标一经提出，得到全军上下高度认同和衷心拥护，极大提振了军心士气，有力推动了部队建设、改革和军事斗争准备，彰显出巨大的理论魅力和实践威力。(2016 年 3 月 1 日《中国青年报》)

【脱线】　tuōxiàn　动词。火车车轮全部脱离轨道。例停车指令刚落，"问题车"就停在了严禁停车的部位，如果再晚两秒钟，极有可能造成追尾脱线的安全事故。(2020 年 1 月 10 日《人民日报》)

W

【网格化】　wǎnggéhuà　形容词。一种管理模式。将管辖对象或区域划分为一个个"网格"，故称。例 2004 年，东城区在全国率先推出城市管理网格化模式。(2018 年 12 月 11 日《北京晚报》)

【网攻】　wǎnggōng　动词。网络攻击。例俄罗斯驻英国大使馆说，发出网攻警告是英国的一种"宣传行为"，俄将对英方采取的不友好行动采取适当、相应的措施。(2020 年 7 月 18 日新浪网)

知识窗

相关词语

X

【洗版】 xǐbǎn 名词。指某些出版社将其他出版社出版的图书内容稍加修改就出版的行为。例"洗版"是侵犯著作权的行为,且更为隐蔽,更为恶劣,其危害不可小视。(2020 年 8 月 20 日《新民晚报》)

【闲置经济】 xiánzhì jīngjì 指通过在二手市场上买卖、租赁、交换自己不再使用的物品,以提升物品的利用率,促进资源再流动的经济形态。例二手电商、闲置经济不仅契合循环利用理念,而且易于形成一种社群文化。(2020 年 7 月 21 日《人民日报》)

【卸衔】 xièxián 动词。卸下军衔。例又是一年退伍季,各部队组织退伍老兵举行卸衔,退伍留念,向队旗、营区、哨位告别等多种活动。(2020 年 9 月 1 日《人民日报》)

【新农人】 xīnnóngrén 名词。指掌握现代农业技术、具有生态农业理念和互联网思维,来自乡镇、农村地区,成长于移动互联网时代的"90 后"群体。例国家吸引城市的年轻人到农村扎根创业并不容易,不妨关注农村的大学生,鼓励这部分群体回到农村,成为新农人,因为他们在农村"有根"、有乡愁、有见识,在农村更能有所作为。(2018 年 3 月 8 日《中国青年报》)

【新市民】 xīnshìmín 名词。指因本人创业就业、子女上学、投靠子女等原因来到城镇常住,未获得当地户籍或获得当地户籍不满三年的群体。例青年在流动中接受教育和培训,学习掌握生活和业务技能,积累了经验,成为城市新市民和振兴乡村的骨干力量。(2018 年 5 月 21 日《中国青年报》)

【星辰大海】　xīngchén dàhǎi　远大目标的象征。"星辰"代表遥远未知,"大海"代表无边无际。出自日本作家田中芳树《银河英雄传说》中银河帝国皇帝莱因哈特·冯·罗严克拉姆的名台词:"我们的征途是星辰大海!"例对于"强国一代"来说,我们身上的使命基因是天然的,我们的征途是星辰大海。(2018 年 4 月 18 日《新京报》)

【星链】　xīngliàn　名词。部署在近地轨道提供互联网服务的人造通信卫星。由美国太空探索技术公司(SpaceX)发射部署并提供相应的互联网接入服务。英文 Star Link 的直译。例太空探索技术公司今年 5 月 23 日用一枚"猎鹰9"火箭把首批 60 颗"星链"卫星送入太空,用于构建全球卫星互联网。(2019 年 9 月 4 日《北京晚报》)

【秀粉】　xiùfěn　名词。网络用语。喜欢选秀节目或喜欢参加选秀节目选手的人。例当缺乏准备的优酷,遇到了阅历丰富的"秀粉",节目宣扬的"少年感"便开始消散。(2020 年 7 月 15 日新浪网)

【秀人】　xiùrén　名词。网络用语。指通过参加选秀节目,进入娱乐圈的明星。例房子一塌再塌,秀人中你以为只有男爱豆会出事,不好意思女爱豆更甚之。(2020 年 10 月 9 日胖大星和小海绵 百家号)

知识窗　相关词语

Y

【研练】 yánliàn　动词。研究练习。例"金飞镖"是空军检验突防突击能力的竞赛性考核,主要在担负对地、对海突击任务的航空兵部队组织,深化空中进攻重点问题研练,旨在提高空中进攻、突防突击作战能力,进而加快实现空军"空天一体、攻防兼备"战略转型。(2018 年 1 月 4 日《中国青年报》)

【一键三连】 yījiàn sānlián　长按点赞键同时对作品进行点赞、投币、收藏。源自哔哩哔哩网站,用以表示对作者的赞赏。例再如,如果有年轻人和你说"弹幕""一键三连""路转粉"等陌生的名词,你不妨也去搜索一下,了解一番,甚至尝试一回。(2020 年 12 月 9 日《光明日报》)

【一刻钟便民生活圈】 yīkèzhōng biànmín shēnghuóquān 以满足居民日常生活基本消费和品质消费等为目标的多业态集聚而成的社区商圈,服务半径在步行一刻钟左右的范围内。例今年以来,商务部接连出台利好政策,大力优化便利店布局,构建"一刻钟便民生活圈",打通最后 500 米,发展品牌连锁便利店成为贯彻中央决策部署、满足人民便利消费需求的重要任务。(2019 年 11 月 6 日《新京报》)

【艺衔】 yìxián　名词。指歌舞团演员依据综合业务考核成绩而评定等级或称号,依次为"首席""独舞""领舞"和"群舞"

等。例"艺衔制"就是引入竞争机制,让演员"活"起来。他们可以竞争"首席、独舞、领舞和群舞"等不同席位。(2020年10月12日《新民晚报》)

【*驿站】 yìzhàn　名词。本指古代供传递军事情报的官员途中食宿、换马的场所。现指可供存放物品、提供休息的地方。例昔日油烟味乱窜的烤串店,如今变成了全新的养老服务驿站,棋牌室、餐厅、洗浴室、保健室一应俱全。(2018年1月15日《中国青年报》)

【*引战】 yǐnzhàn　动词。网络用语。本指公司引进战略合伙人或投资人,以筹备上市。现指在社交媒体平台上以歪曲事实、造谣等方式煽动对立情绪,故意挑起争端,引发各方骂战。例不允许引导、煽动用户影响作品评分公正性的行为,以及引战行为等。(2019年2月25日搜狐网)

【硬脱钩】 yìngtuōgōu　名词。两国经济不顾后果地完全脱离。例疫情之前,美国已经加快了核心技术领域的对华"硬脱钩",并通过美墨加协议等排他性区域协定,特别是原产地规则中更高本地含量要求、"毒丸条款"等,割裂全球供应链市场配置的内在联系。(2020年7月15日《新民晚报》)

【有组织科研】 yǒuzǔzhī kēyán　指能够跨越学科组织界限、整合内部优势多学科资源,协同开展任务导向型研究的科研模式。例聚焦重大现实问题、服务国家重大需求,必须深入推进有组织科研,克服单打独斗、资源分散的弊端,全面提升大学服务国家战略的科技能力。(2020年10月27日《人民日报》)

【预制菜】 yùzhìcài　名词。指将食品原料配以各类辅料,用

知识窗

相关词语

统一的标准集中生产,经过分切、搅拌、腌制、成型、调味等环节的预加工,再采用急速冷冻技术或其他保鲜技术保存的成品或半成品。例为解决这些人的难题,近年来,预制菜礼盒也成了热卖的过年礼品之一。(2020 年 1 月 23 日《北京晚报》)

【院校长】　yuànxiàozhǎng　名词。❶对军事院校领导的称谓。例新时代新征程,院校长必须打破不合时宜的思维定式和习惯套路,强化立德树人、铸魂育人、为战育人的责任感使命感,下大力提高办学治校能力,这样才能担起新时代军事教育工作的重任。(2019 年 11 月 30 日《解放军报》)❷对研究机构、教育机构合一管理的院校领导的称谓。例这是继去年明确我国慢性阻塞性肺疾病(以下简称"慢阻肺")患者总数约 1 亿人之后,中国工程院副院长、中国医学科学院北京协和医学院院校长、国家呼吸临床研究中心主任、中日医院呼吸中心主任王辰院士,率领中日医院等全国 13 家呼吸领域优势单位完成的"中国成人肺部健康研究"的又一项重大成果。(2019 年 6 月 28 日《中国青年报》)

Z

【展陈】　zhǎnchén　动词。展示陈列。例除了近 60 个常设展,故宫还主办了 40 个临时展览,其中一半在故宫内陈设,还有一半在全国和海外展陈。(2018 年 1 月 1 日《新京报》)

【纸片人】zhǐpiànrén　名词。网络用语。原形容人纤细苗条体重轻。后引申为二次元动画或游戏中的角色,因其是二维的,像纸片,故称。例从爆款手游《恋与制作人》到网络综艺《偶像练习生》,无论是与"纸片人"恋爱的经营游戏,还是为爱豆打 call 的竞演养成类真人秀,都让我们看到了养成系偶像文化与粉丝经济的发展。(2018 年 3 月 16 日《北京青年报》)

【质控】zhìkòng　动词。质量控制。例质控方面,中国环境监测总站加强质控检查、严格质控措施,委托专业的检查公司不定期对运维工作的规范性和监测结果的准确性进行现场检查,确保空气质量自动监测真实、客观、准确。(2020 年 2 月 13 日《光明日报》)

【智商税】zhìshāngshuì　名词。网络用语。由于在购物时缺乏判断能力,花了没必要花的钱。就像为自己的低智商缴税一样,故称。例经历了这么多的养生保健骗局,人们也应该明白,哪有什么"神疗法",不过都是"智商税"罢了。(2018 年 11 月 10 日《新京报》)

【专班】zhuānbān　名词。为进行某项工作而专门组织的班子。例江岸分局抽调刑侦、网安大队民警成立专班开展工作。(2020 年 1 月 3 日《中国青年报》)

【*转归】zhuǎnguī　动词。指病情的转移和发展。特指新冠无症状感染患者转为确诊病例。例截至目前,青岛此次新冠肺炎疫情共发现 12 例本地确诊病例,原 6 例无症状感染者已于 10 月 13 日转归为确诊病例。(2020 年 10 月 15 日《中国青年报》)

知识窗

相关词语

【桌舞】　zhuōwǔ　名词。在课桌前表演的舞蹈。通常只有上肢动作。也称"课桌舞"。例这个班每天在上英语课前,孩子们都要在老师胡继娜的带领下,做一分钟的课前配乐桌舞。(2020 年 12 月 5 日《潇湘晨报》)

【自洽】　zìqià　动词。按照自身逻辑推演,可以证明自己不是矛盾的。例任何一个国家或地区的文化,在没有外来文化冲击的时候,在长期发展和代代相传的过程中,会形成一个自洽的体系。(2018 年 11 月 19 日《中国青年报》)

【奏唱】　zòuchàng　动词。奏乐演唱。指音乐伴奏和歌唱同时进行。例2018 年 2 月,十二届全国人大常委会第三十三次会议进一步修订关于实行宪法宣誓制度的决定,同时明确宣誓仪式应当奏唱中华人民共和国国歌。(2018 年 3 月 12 日《光明日报》)

【尊法】　zūnfǎ　动词。尊重法律;敬畏法律。例各级党和国家机关以及领导干部要带头尊法学法守法用法,提高运用法治思维和法治方式深化改革、推动发展、化解矛盾、维护稳定、应对风险的能力。(2019 年 11 月 6 日《中国青年报》)